#あなたを幸せにしたいんだ

山本太郎とれいわ新選組

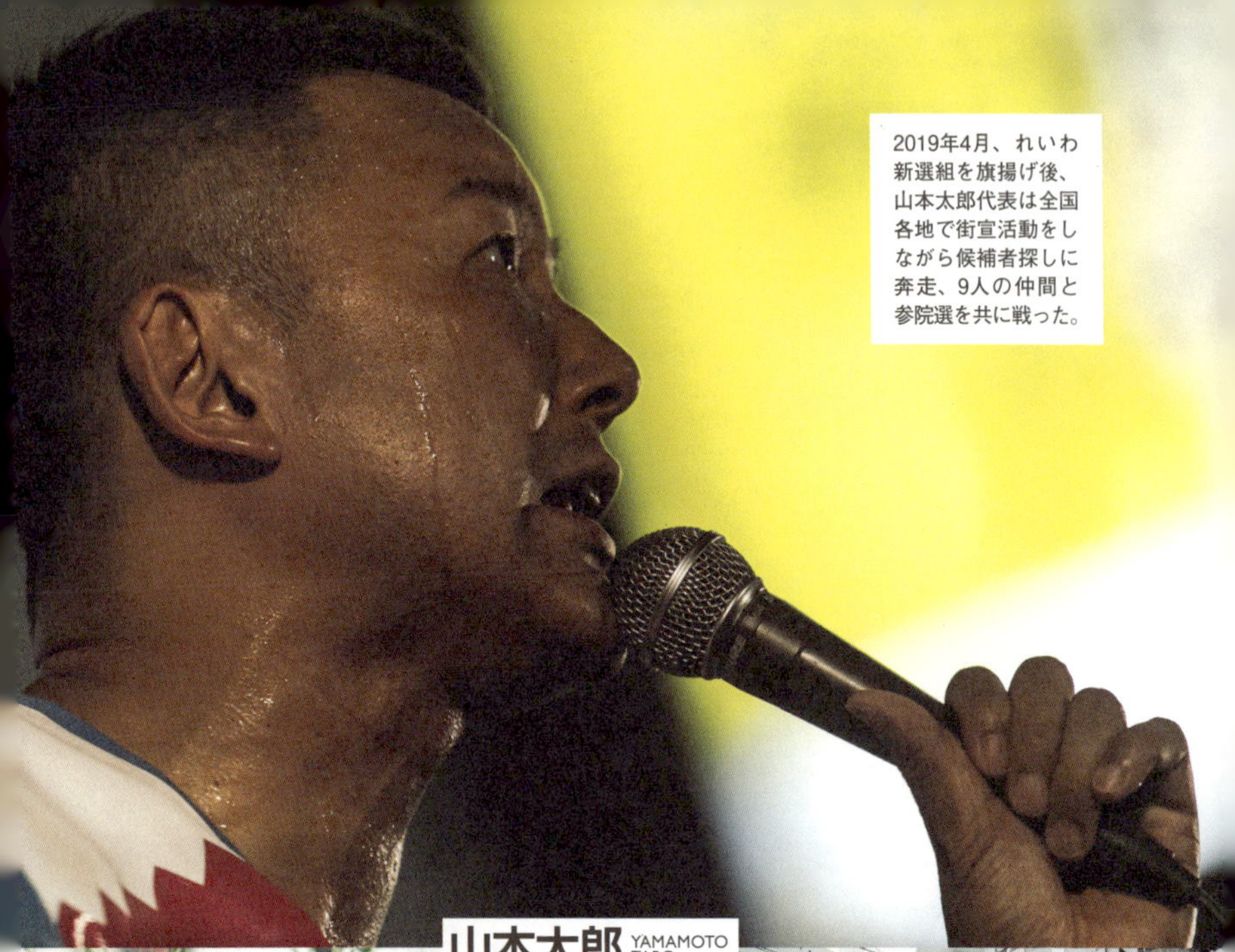

2019年4月、れいわ新選組を旗揚げ後、山本太郎代表は全国各地で街宣活動をしながら候補者探しに奔走、9人の仲間と参院選を共に戦った。

山本太郎 YAMAMOTO TARO

舩後靖彦 FUNAGO YASUHIKO

木村英子 KIMURA EIKO

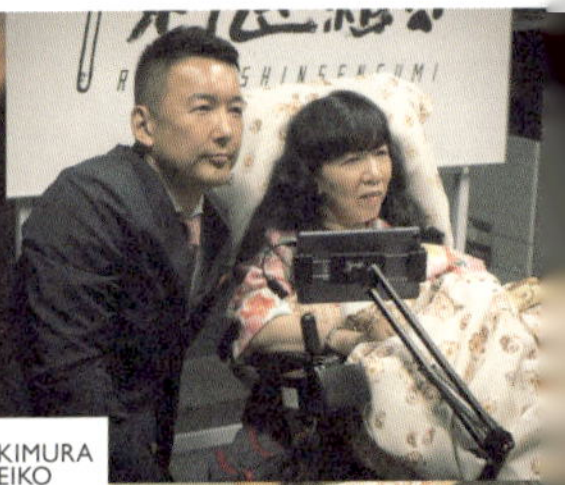

野原善正 NOHARA YOSHIMASA

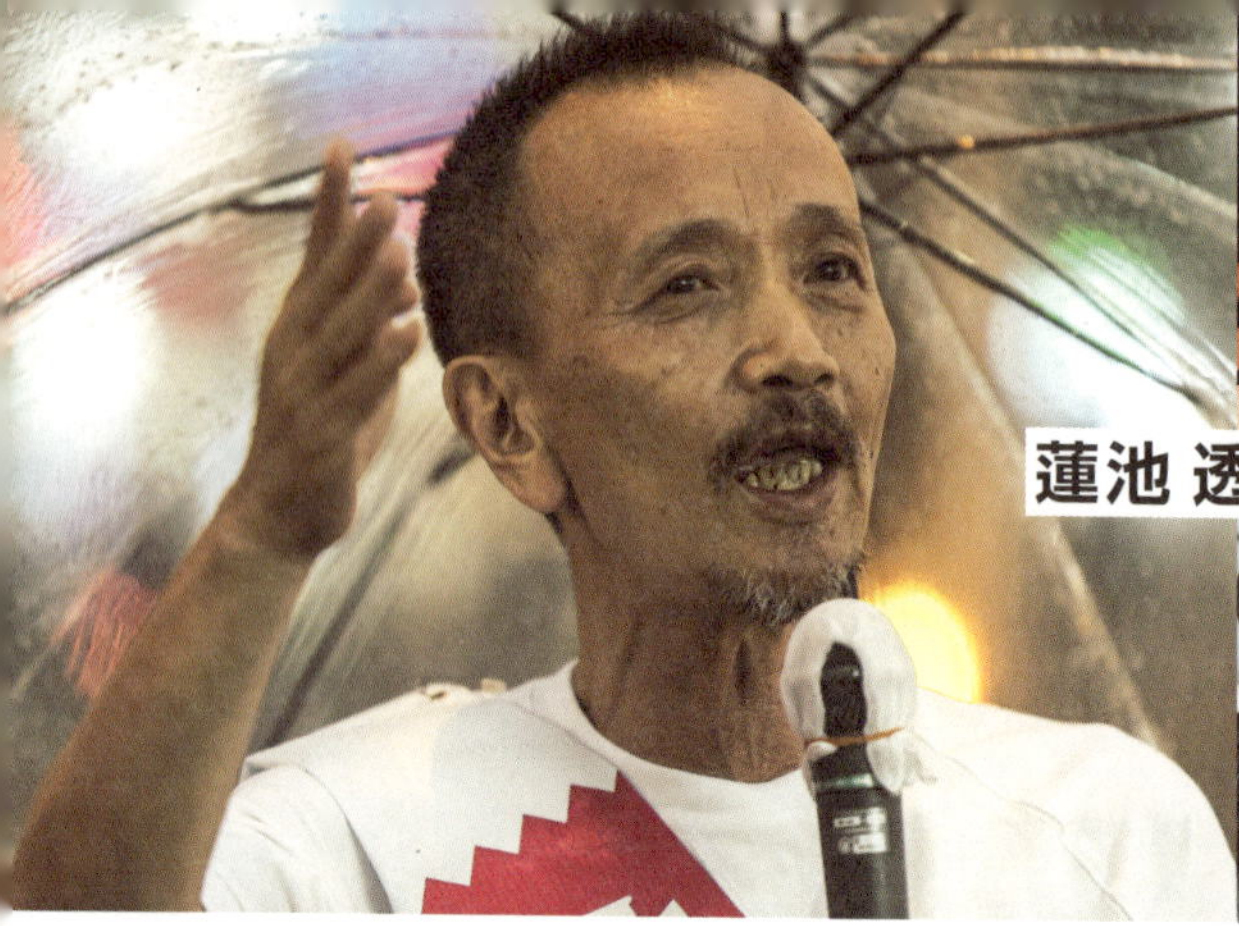
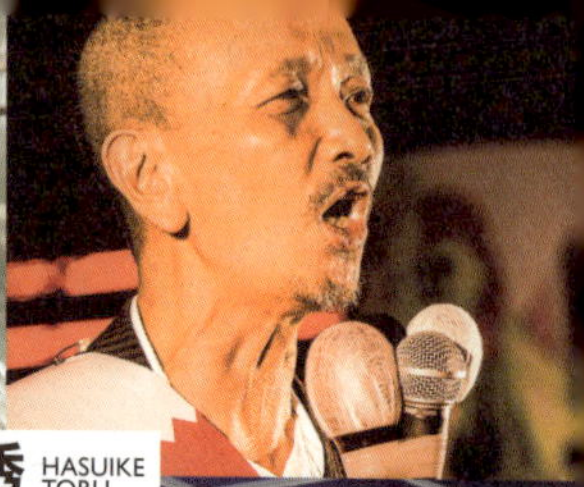

蓮池 透 HASUIKE TORU

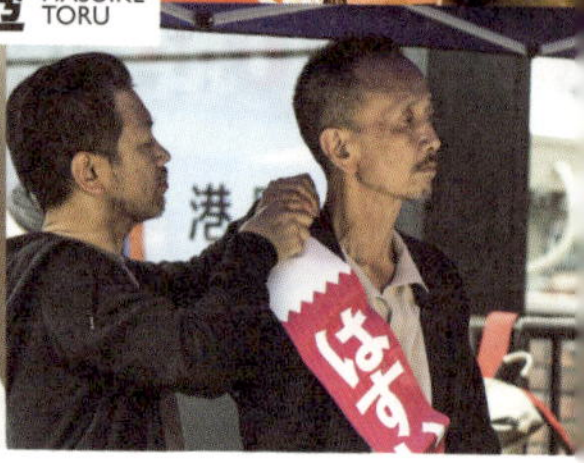

写真／坂東望未

写真／坂東望未

安冨 歩 YASUTOMI AYUMI

三井義文 MITSUI YOSHIFUMI

辻村千尋 TSUJIMURA CHIHIRO

大西恒樹 ONISHI TSUNEKI

渡辺照子 WATANABE TERUKO

目撃せよ
新宿センキョ

「新宿センキョ」「れいわ祭」の選挙イベントには、ダンサーやミュージシャンも参加。前代未聞の選挙戦に多くの聴衆が耳を傾けた。

れいわ
新選組

2019年4月10日のれいわ新選組立ち上げの会見から参院選投票日前日の7月20日までの3ヵ月ほどで、4億205万円の寄付が集まった。

左上から時計回りで、落語家・立川談四楼氏、子供ばんどのうじきつよし氏、LUNA SEAのSUGIZO氏、作家・島田雅彦氏、脳科学者・茂木健一郎氏らも選挙応援に駆けつけた。

Photo by Kotaro Manabe

ご寄附受付
あなたの力を
貸してください

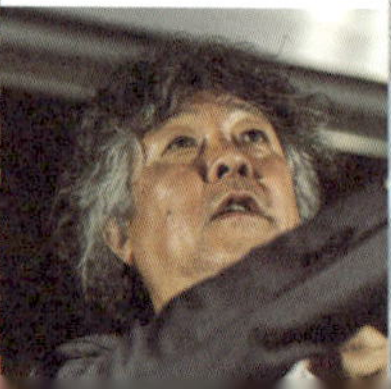

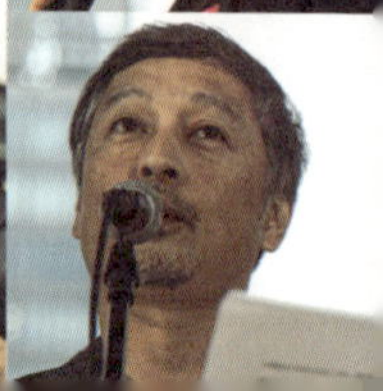

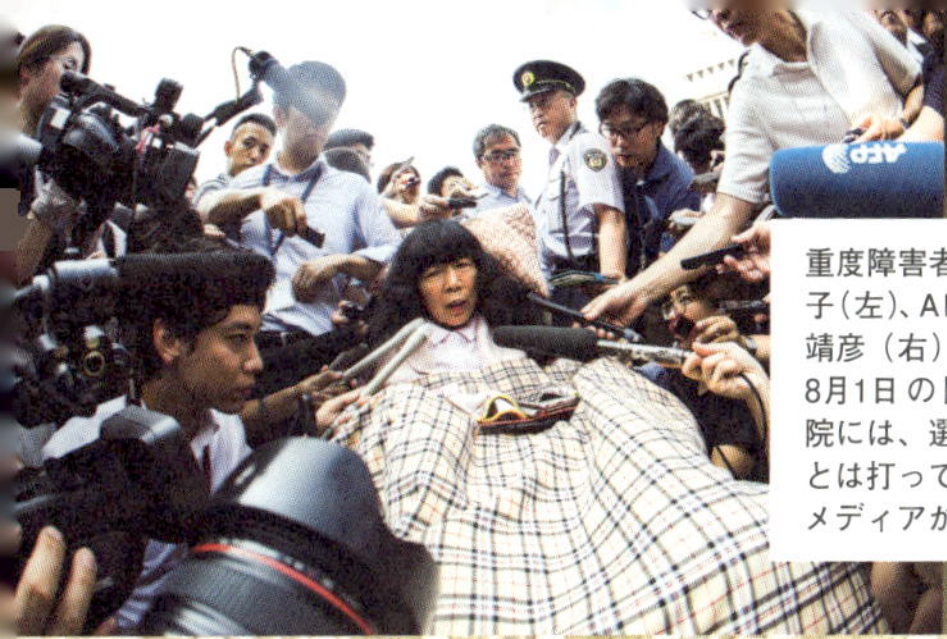

重度障害者の木村英子(左)、ALSの舩後靖彦（右）が当選。8月1日の国会初登院には、選挙期間中とは打って変わってメディアが殺到。

前参議院議員となった山本太郎は、まず9月に北海道、10月に九州、11月に沖縄、東北、北信越の各所でポスター張り、おしゃべり会、街宣を行なうツアーに出て東京から離れた地方の声を聞いて回った。

#あなたを幸せにしたいんだ

山本太郎とれいわ新選組

はじめに

選挙に落ちたのは、2度目だ。

1度目は選挙戦がスタートする前日に出馬を決意した、2012年衆議院選挙、東京8区（杉並区）から立候補。東京最強の石原家の長男（石原伸晃《のぶてる》）に挑んだが負けた。敗戦の弁を述べた開票の翌日、取材の途中にこみ上げてきた涙を堪《こら》えて、トイレに入り、声を殺して泣いた。自分は世の中を変えるために、本気で永田町に乗り込みたかったのだと気づいた瞬間だった。

2度目は2019年参議院選挙。自ら「れいわ新選組」を立ち上げ、東京選挙区を離れて、比例代表で全国の皆さんに投票いただける形で挑戦。重度障害と難病の当事者である国会議員をふたり誕生させることができた。その上、れいわ新選組は国政政党となった。やっとスタートラインに立つことができた。

一方、代表である私は？　開票の日の深夜、比例代表の当落がハッキリ決まるまでには時間がかかり、おそらく、朝方でないとわからないという状況で、れいわ新選組開票イベントのステージから一旦下がって、裏で待機していた私に、一番年齢の若い秘書が報告しにきた。

「落選確実、出ました」

当選確実、はよく聞く言葉だが、落選確実、ってパワーワードは、これまで聞いたことがなかった。マスコミが私のために作ってくれた新語なのだろうか。落選が確実になった、との知らせを受けて、最初、頭に浮かんだのはその程度のことだった。

話はシンプルで、票が足りずに落ちたってこと。今回の方式では3人（舩後《ふなご》靖彦《やすひこ》・木村英子《えいこ》・山本太郎）が当選できる票を集められなければ、私は落選。山本太郎が議員であり続けるには、最低でも3議席を確保できるくらいの票の拡《ひろ》がりを草の根で作る以外にない。との意気込みだったが、今回の結果は、そこまでの拡がりは作れなかった。

敗戦の弁は、「私の力不足でした」以外にないだろう。バックヤードにいた私に、「落選確実、出ました」と報告にきた一番年齢の若い秘書は、これまで見せたことのない悲しい表情で今にも涙がこぼれそうになりながら続けた。

「勝たせられなくて申し訳ありませんでした」

この言葉を聞いたときに、泣きたくなった。このあと始まる記者会見で、「私の力不足でした」と、敗戦の弁を述べる私には、その言葉が胸に響いた。

「私の力不足」

確かにそうだが、候補者たちがいくら頑張っても、限界はある。選挙の勝ち負けは、それを支持する、応援する人々が、いかに勝たせるかを考え、自分が候補者になったつもりの勢いで丁寧に横に拡げる、地道に活動する以外にない。

「私の力不足でした」と私が発言する前に、「あなたが落選したのは『私の力不足でした』」と声をかけられて、思わずこちらも涙しそうになったのだが、堪えながら「何を言ってんねん、次や、次。もう始まってるで」と肩を叩いて、記者会見に臨んだ。

国会議員・山本太郎としては負けたけど、次につながる戦いにはなったのだから。

憲政史上初、ふたりの重度障害者国会議員の誕生。これに対して、あざとい、障害者を利用しているなどの声も聞かれたが、当選後、ふたりが国会に入る前から、議会のバリアフリー化が進んだだけでなく、制度面での変更も始まる様子が見られる。

健常者がいくら代弁者として国会で発言しても、変えられなかったことの数々が、舩後・木村議員の存在によって変化が起きていることは間違いのない事実だ。

重度障害者の木村さんに選挙前、心配していると言われた。

「太郎さんが障害者を利用しているって叩かれないかと」

常に人の気持ちに寄り添う生き方をしてきた木村さんらしい気遣いの言葉だった。

「上等です。障害者を利用して障害者施策を前に進めましょう」

私はそう返した。

数の論理のみで物事が一方的に進む現在の永田町において、数ではなく動かせることもあると実証したのが、両議員だ。たとえ少数であってもやれることがある。そしていつの日か、蟻《あり》のような私たちが巨象を倒すこともあり得ることを証明すべく、その基礎を築くためにも、私は全国を廻《まわ》っている。

「山本太郎なんて大っ嫌い」。申し訳ありませんが、私、そういうの大好物です。まったく相いれないと思われる者同士であっても、たったひとつ、ひとつでも力を合わせられる部分を見つけられるように、話がしたいのです。

もしあなたが偶然、山本太郎が街頭でマイクを握っている姿を見つけたなら、直接思ったことをぶつけてください。

山本太郎大っ嫌い、というあなたにも、お力をお借りしなければ、世の中は変えられないのです。

あなたがいなきゃ始まらない。死にたくなる世の中を変えるためには、あなたが必要です。どうかお力をお貸しください。

生きていたくなる世の中を作るために、個性豊かな自慢の仲間たちと全力を尽くします。

れいわ新選組代表　山本太郎

目次
contents

＊本書の収録にあたって、ベストスピーチは内容を一部加筆、修正をしています

山本太郎の所信表明

れいわ新選組代表の山本太郎です。

私自身が社会問題を真剣に考える初めてのきっかけが災害でした。2011年、東日本大震災と原発の爆発。生きたいという思いから始まった私の政治のキャリア。でも今、この国では生きたいとすら思えない人々が多くいます。1年間の自殺者は2万人を超え、未遂は50万人を超える。完全にこの国は壊れています。

あなたは自分が生きていても許される存在だと胸を張って言えますか。あなたは自分がただ生きているだけで価値がある存在だと心から思えますか。あなたは、困っているときに「助けてほしい」と声を上げられますか。山本太郎からの、この問いにすべて、言える、思える、できると答えられた人、どれぐらいいますか。そう多くはないと考えます。

なぜなら、あなたに何ができるんですか、あなたは世間の役に立ってるんですかっていうような空気、それが社会に蔓延《まんえん》してるからです。だから、そんな社会を、政治を、変えたいんです。生きててよかった、そう思える国にしたい。それは無理だと思いますか。私は思いません。政治を諦めた、政治なんて興味ない、そんな選挙で投票に行かない50％の人々が力を合わせれば、国は、社会は、変えられます。それが選挙、政治なんです。

あなたの生活を楽にする、あなたが困る前に手を差し伸べてくれる、将来に不安を持たずに生きていける、そんな国づくりの先頭に山本太郎を立たせてくれませんか。あなたが死にたくなる、自分に自信が持てなくなる理由のひとつ、生活の苦しさはありませんか。今、一番必要なことは完全に地盤沈下した人々の暮らしを大胆に底上げすることです。

私は、２０１３年の参議院選挙に東京選挙区から出馬し、当選。小沢一郎さん率いる自由党で共同代表を務めておりましたが、19年春に、れいわ新選組を旗揚げし、7月の参院選では私を含めた9人が比例代表で立候補しました。そのうち、ALS（筋《きん》萎《い》縮《しゅく》性《せい》側《そく》索《さく》硬《こう》化《か》症《しょう》）の舩後靖彦さん、重度障害者の木村英子さんのふたりが特定枠です。特定枠とは、今回の参院選から導入された比例代表の新しいルールで、特定枠に入った人はどれだけ票の数が少なくても、グループ内で優先的に議員になれるシステムです。

　このグループで一番票を稼ぐはずの山本太郎に100万票集まれば舩後さんが国会議員に、山本太郎に200万票集まれば木村さんが国会議員に。一方、山本太郎が議員として国会に戻るには300万票が必要でした。まずは難病と重度障害のあるおふたりが当選したあとでないと、山本太郎は国会議員になれない。参院選は完全に退路を断っての挑戦でした。

　結果、山本太郎に99万1756票、れいわ新選組全体で228万252票（比例代表）をいただきました。私は落選しましたが、れいわ新選組は2名の候補者を国会に送り出し、得票率は2％を上回り、設立から3ヵ月で国政政党になりました。

障害者を利用して、障害者施策を変える

　では、山本太郎率いるれいわ新選組が、今後どのような決意で政治に挑んでい

くのかお伝えします。

・日本を守ることとは、あなたを守ることから始まる。あなたを守るとは、あなたが明日の生活を心配せず、人間の尊厳を失わず、胸を張って人生を歩めるよう全力を尽くす政治の上に成り立つ。

・あなたに降りかかる不条理に対して、全力でその最前に立つ。何度でもやり直せる社会を構築するため。20年以上にわたるデフレで困窮《こんきゅう》する人々、ロストジェネレーションを含む人々の生活を根底から底上げ。

・中卒、高卒、非正規、無職、障害、難病があっても、将来に不安を抱えることなく暮らせる、そんな社会を作る。

・私たちがお仕えするのは、この国に生きるすべての人々。それが私たち、れいわ新選組の使命である。

このような決意を持って、全力でやってまいります。

生産性で人間の価値がはかられる社会、それが現在です。これが加速すれば命を選別する社会がやってくる。医療費を口実に、生産性を言い訳に、人間の生きる価値を、期間を、一方的に判断される時代がすぐそこまで迫っている。これらが雑で拙速《せっそく》な国会の議論で決まっていくのではないかと危惧しています。誰かの命を選別する社会は、あなたの命も選別することになる。

さて、重度障害者ふたりの立候補者を発表した際に、こんな声が届きました。

「障害者を利用するつもりか」。この言葉に対して私は言います。上等です。障害者を利用して、障害者施策を変えようじゃないかと。もうひとつ寄せられた意見。「障害者に国会議員、務まるんですか」。当事者とはその道のスペシャリストです。ＡＬＳの舩後さんがご自身で作った選挙のキャッチコピー、「強みは、障害者。だから気付けることがある」。障害者運動の有名なスローガン、「私たち抜きで私たちのこと決めないで」。実態はどうですか？

７００人以上いる国会議員には、人工呼吸器をつけた人も、重度の障害がある人もいません。そのような、いわゆる健常者が国会で障害者施策を決めて法律が作られる。しかし、当事者のニーズを最もわかっているのは当事者。だから、その声を反映させる必要があるんです。残念ながら、今の国会での多数派は、経団連など特定の存在に忖度《そんたく》し続ける〝代理人〟がほとんど。私は、国会が７００とおりの当事者がそろう場所になれば、もっと優しい社会が作れると思います。

舩後さん、木村さんが議員になったことで、国会のバリアフリー化は急ピッチで進みました。スロープの設置、車椅子でも入れるように議席は改修され、介助者による代理投票などが認められたのです。それ以前は、あらゆることが健常者向けにしか設計されていなかった。それが国権の最高機関です。

この国の障害者の人数、身体障害者４３６万人。知的障害者１０８万人超。精神障害者３９２万人超。それぞれの声を代弁する当事者議員がほとんどいなかった。それ自体がおかしくありませんか。これこそが、かけ声だけではない真のダイバーシティー、多様性だと思います。

今、あなたが元気であっても、誰もが年を取る。病気になったり、障害者になるかもしれません。障害者は高齢化社会を生きる、そのモデルを作るフロントランナーです。これから迎える超高齢化社会において、障害当事者の知見は非常に重要です。生産性という言葉が、人の命を選別するような、そんな空気が蔓延する時代。そんな空気は確実に人々を生きづらくさせている。だからこそ、そんな言葉を吹き飛ばしたい。生きているだけで、あなたには価値がある。そう感じられる社会を作りたい。重度の障害があっても、難病であっても、人間の尊厳を守れる社会は、あなたが守られる社会です。

消費税は廃止。消費税を導入する前に戻します

ここで日本の現状を簡単にお話しします。痛みを伴う改革、そのあとに残ったのは痛みだけでした。20年以上に及ぶデフレ。奪われたのは、あなたの生活と人生です。厚労省、国民生活基礎調査を見ると、生活が苦しいと感じている人は57・7%。母子家庭では82・7%。平均の所得を下回る世帯数は過去最多の62・4%です。日本銀行の調査、ひとり暮らしの貯蓄ゼロ世帯、20代で61%、30代で

40％、40代で45％に上ります。

ここからわかることはふたつ。ひとり生きるだけで精いっぱいでは、家族など持てない。少子化は加速するのみ。そしてもうひとつ、貯蓄ゼロの若年から中年たちも、やがて高齢化します。そのとき国は人々を救うのか。救いません。このままでは野垂れ死にです。あなたの生活が苦しいこと、あなたのせいにされてませんか。これまでの政治による間違った経済政策と構造上の問題です。

では、山本太郎が立ち上げたれいわ新選組、さきざき政権を取ったら何をするのか。緊急政策、そのいくつかを挙げさせていただきます。

「消費税は廃止」。消費税廃止、そんなの無理だよ。あなたはそう考えましたか。実際に消費税を廃止した国、ありますよ。マレーシアです。マレーシアは法人税の次に税収の多かった消費税を廃止。高級なサービスなどを利用するときにかかる、金持ち向けの税制を復活させました。マレーシアでできたことが日本にできないっていうんでしょうか。マレーシアでは人々がそれを本気で求めた。そして政治を動かした。だから実現したんです。

皆さんは消費税を1年間でどのくらい払っているか知ってますか。2014年、総務省の調査を基に試算しました。消費税が10％になった場合、年間で約1ヵ月分の所得が消えることになります。つまり消費税を廃止にした場合、1ヵ月分の給料をあなたにお返しするイメージです。消費税なくしたら社会保障どうすんだよ。だまされないでください。消費税を増税した分はすべて社会保障の充実と安定化に使うと政府は約束して、2014年4月に5%から8%に消費税を増税しました。答え合わせをします。増税分の税収で8兆円程度（2017年度）になりますけれども、そのうち社会保障の充実に使われたのは、たった16%のみ。消費税を引き上げる一方、現政権は7年間で社会保障を4兆円以上削っています。

じゃあ、消費税はなんのためにあるんでしょうか。消費税収の実に約73%が法人税収の減少分に割り当てられていた計算が成り立ちます。金持ちに優しい、大企業に手厚い、でもあなたのことは考えない、それが今の政治です。

今年初めの参議院、代表質問で私は「日本以外でデフレが20年以上続いた国があるか」と安倍晋三総理に聞いたところ、「我が国のほかにはありません」と総理のお答え。当たり前です。戦争、紛争などをやっていない国々の中で、成長していないのは日本だけ。どの国も、穏やかなインフレ。日本は20年間デフレという瀕死の状態です。現在の日本、子どもの貧困、約7人にひとり。高齢者の貧困、5人にひとり。ひとり暮らしの女性の貧困、3人にひとり。このままではこの国に生きる人々はもちません。

一方で、国は責任を果たす気はまったくありません。山本太郎は大胆に生活を底上げし、デフレからの脱却を実行いたします。先ほど提案した税制改革以外にも、財源が必要な場合には、デフレ期であれば、躊躇《ちゅうちょ》することなく新規国債を発行します。財政規律、財政再建。それは景気がよくなってからの議論です。今、それをやれば政府の財政カットと増税を進めることになる。間違いなくデフレ不況は悪化、人が死にます。私は必要な分野に積極的な投資を行ないます。

例えば、全国一律最低賃金1500円、これを政府が補償します。中小零細で1500円など対応できない、そうおっしゃる方々、冷静になってください。消費税が廃止になっていれば、中小零細企業の負担も大幅に減っていきます。それでも厳しいという企業には国が補塡いたします。

ほかにも、奨学金徳政令。現在、奨学金を借りている、返済されている方々、約555万人。国がやっているサラ金、それが奨学金。それで儲けているのが金融機関。年間350億円の利息収入を懐に入れている。国の失策に対する賠償金として、奨学金はチャラにします。ほかにも、空き家、中古マンションを利用した安く住める家を増やす、公的住宅。敷金礼金必要なし。住まいは権利です。ほかにも、介護士、保育士、非常勤公務員などを正規の公務員にします。公務員は雇用の受け皿でもあり、安定雇用は経済政策です。

現在の政治に足りないのは、この国に生きる人々をおもんぱかる気持ち。そして、この国に生きる人々への投資。愛と金が圧倒的に足りていない。国からの大胆な財政出動で、あなたの生活を本気で底上げ。それが、20年以上に及ぶデフレからの脱却の道です。

私たちが政権を取るための第一歩。まずは永田町の空気は一切読まない、与野党に緊張感を与える。国会内でガチンコでケンカをする勢力を、あなたの力で拡大させてください。

本書には、私と参院選を共に戦ったメンバー9名のスピーチとインタビューが収録されています。山本太郎とれいわ新選組が、どんな考えを持ち、何を目指そうとしているのかを知っていただけたら幸いです。

ベストスピーチ 1
れいわ新選組代表
山本太郎

YAMAMOTO
TARO

1974年生まれ、兵庫県出身。90年に芸能界入り。俳優などで活躍した後、2013年の参議院選挙に出馬し、当選。14年に「生活の党」に合流し、「生活の党と山本太郎となかまたち」に改称、小沢一郎氏と共同代表に。19年4月、「れいわ新選組」を旗揚げし、7月の参院選に比例区より出馬。同党は政党要件を満たす票を得るものの、本人は落選。

「生きててくれよ！死にたくなるような世の中やめたいんですよ」

2019年 5月2日
兵庫・神戸マルイ前

QRコードを
読み込むと、
スピーチの動画を
見られます!!
2:04:02〜

ひとりひとりが幸せになれるために憲法があって。そして政治があって、税金払って、支え合いやるはずなのに、搾取《さくしゅ》されるばっかりじゃないかって。すり減るばっかりじゃないかって。この状況、変えるためには何が必要だっていったら、当然、みんなへの投資が必要なんだよって。一部の人間だけに忖度しているような政治。一部の者たちだけにご恩返しされるような政治が続いたら、当然、国壊れますよ。どれぐらい壊れてるかって？ 歴史的公文書改ざんされるぐらい（＊1）。8年間の賃金の統計なくなるぐらい（＊2）。狂ってますよ。終わってますよ、もう。でも終わらせられないでしょ。だってあなたが生きてるんだから。あなたが生きてるこの国終わらせるって、無理でしょって。だったら取り戻すしかないんだよって。みんなのためにやってくれる政治をみんなの力で作りませんかっていうために、小沢一郎から離れました。山本太郎、れいわ新選組という団体を立ち上げました。力貸していただきたいんです。

自信奪われてるじゃないですか、みんな。自信を奪われてる。どうして自信奪われるのか。あなたに何ができるんですか？ あなた、何かの役に立ってるんですか？ そんな空気の中で、自分が自信もって生きられるはずない。自信を奪われて誰が一番得する？ コントロールするほうですよ。ひとりひとりが生きてていいんだっていう気持ちにあふれて、自分の意見は言ってもいいし、自分は生きてていい存在なんだって思える世の中だったら、権力側はコントロールしづらいですよ。みんなが考える世の中なんだから。でも現

（＊1）学校法人森友学園の国有地売却に関する財務省の決裁文書で、元の文書から削られたり、書き換えられた部分が約300ヵ所あることが発覚。国と学園側の事前の価格交渉をうかがわせる記述や、安倍首相の妻、昭恵氏や政治家の名前が削除されていた。

実はみんなが考えるための時間さえ奪われてませんかって。働き方を壊すことで、ひとりひとりの考える時間をどんどん奪っていってる。この国で一番偉いの誰？　皆さんなんですよ。本当に。自信奪われてるだけですよ。自分は生きてていいのかって。生きててくれよ！　死にたくなるような世の中やめたいんですよ。

自殺のやつ見られるかな。今、1年間で2万人ぐらい人死んでんですよね。自殺で。異常ですよ。戦争も紛争も起こってないのに。昔には年に3万人ぐらいの人が自殺してたんです。3万人が2万人になってよかったね、みたいな話にされてるけど、そういう問題じゃない。命落とさなきゃいけないぐらい追い込まれた人たちがいるんですよ。毎年、2万人超える人。それだけじゃない。自殺未遂で見てみてよ。年間53万人死んでんですよ、いや死んでない。53万人が追い込まれてる。なんでこんな状況にされなあかんの？　生活安定してたらこんなことになる？　まず基本的に。働き方にもっと余裕あったとしたら、こんなことになる？　もっと自分のことを、自分がいていいんだ、自分が存在していいんだっていう世界になってたらこんなことになる？　15歳から39歳ぐらいまでの間の死因の1位、自殺ですって。10歳から14歳の間でも、もう世界で初めて死因の1位が自殺になった国が日本なんですよ。死にたくなるような国に住んでんのが、私たちなんでしょうね。

これ変えられるんですよ。どうやって？　政治で。どうしてか。死にたくなるような世の中を作ってきたのは政治なんですよ。死にたくなるような世の中を作ってしまったのが、

（＊2）2019年1月、厚生労働省が公表する、毎月勤労統計の集計方法が不正に切り替えられていたことがわかった。04年から11年分の調査票など、集計の基となる資料は廃棄・紛失されていて、厚労省は再集計はできないとしている。

政治に参加したりしなかったりっていうような集合体なんですよ。だったら、やりましょうよって。死にたくならないどころか、生きててよかったって思えるような社会を、政治を通して作ってみよう。私はそう思ってんです。それが無理だとは思ってない。だって、大企業側、自民党側、3割程度しか、得票持ってないんですよ。もちろんその3割を超える得票を持ってなかったのが野党ですよ。でも、3割の票で、世の中好きにコントロールできるんだったら、選挙に行かない4割の人たちや、それ以外の人たちも一緒に力を合わせて、世の中変えていくってこと、可能じゃないですか。その先頭に立ちたいんですよ。やらせてもらえませんか？

「政治家としては未熟かもしれない、そんな山本太郎だけど、本気でやりたいんですよ」

2019年5月5日
福岡・小倉駅
小倉城口前デッキ

QRコードを読み込むと、スピーチの動画を見られます!!

【質問者】悪いけど、ひとりで国会を変えられるんかなっていう。

だからですよ、ありがとうございます。いいこと言うてくれはった。国会議員ひとりでできることなんて限られてるんですよ。当たり前です。だから私に力をくださいってお願いにあがってるんです。山本太郎がひとりのままでいるのか、10人になれるのか、20人になれるのか、50人になれるのか。誰が決めるんですか？　皆さんですよ。

ひとりの国会議員で何ができるんだって、当然です。おっしゃるとおりです。消費税をゼロにする。奨学金をチャラにする。全国一律で政府が補償して最低賃金を1500円にする。私ひとりじゃできない。でも皆さん、それ実現したくないですか？っていう話なんですよ。実現させるために力貸してくださいよって。財政出動もっとデカくして、あなたの借金チャラにするようなことができるんですよって。実際に力を持てばできるんだっていうことです。どうして諦めるんですか？　自分には力がないって思わされてるんじゃないですか？って。あなたに何ができるの？　あなたは国の役に立ってる？　会社の役に立ってる？　家の役に立ってる？　常にマウンティングですよ。そんな中で自分自身が自信をもてなくて生きてていいのかとまで思ってしまって。自分は存在してていいのかと思わされる。そんな世の中に生きてんのは、もういやなんだ！って話なんですよ。それを救えるような政治を作りたいから立ってんですよ、ここに！　全国ツアーするだけで３００万円かかってるんですよ。当然ですよ、ゴールデンウィークに人が移動して宿も借りていろいろやって。選挙やるのにもお金がかかる。皆さんにお金をくださいと言っているけれども、このツアーでさえも、借金重ねながらやるしかないんですよ。どうしてか？　本気だからですよ。

自分ひとり勝つためだけだったら、私、小沢一郎さんとまだいます。自分ひとりの政治家のキャリアだけを考えるんだったら小沢さんについていきます。どうしてか？　政治とはなんなのか、どのような形でやっていかなきゃなんないのかということを、もっとその王道を勉強したい。そのほうが私もっと良い政治家にステップバイステップでなっていけるかもしれない。でも、この国が壊れていく、その速度、待てますか？　私が政治家として一人前にちゃんとなれるっていう、20年、30年を。この国が壊れるっていう事態が待てますか？っていう話なんですよ。待てないですよ！　今でも壊されてるんですよって。子どもの7人にひとりが貧困って言いましたよねって。全体の56・5％くらいが生活苦しいっていう状況にされてて、ひとり暮らしの女性の３人にひとりが貧困って状態にされてて。

今貯蓄ゼロという20代60％超えてて、30代、40代、50代でも貯蓄ゼロ40％超えてて。その人たちが将来高齢化したときに国は、切り捨てるしかないんですよ。野垂れ死にですよ。これを私が自分のキャリアをしっかり深めるために小沢さんのそばに付いて10年、20年政治を勉強し続けて、雑巾がけ頑張りますって言ってたら、今の自民党の若手と一緒なんですよ。今の自民党の若手は何をしているか？　働き方がぶっ壊されたり、外国から大量に外国人の労働者を呼び込めるようになったり、ＴＰＰに賛成したりとか。この国をぶっ壊されることに次々に賛成し続けているんですよ。理由は何？　自分のキャリア潰したくないから。ここで総理のやっていることに反対するなんて言ったら、次、自分に芽がないから。そんな人間に、この国救えるかよって思うんですよ。

ガチでケンカする気力もないのに、気概もないのに、どうして政治の場に来たんだよ！ っていう話なんですよ。この国の状況ハッキリわかってんのやろ？って。壊れていくしかないんですよ。みんな壊れてるじゃないですか。労災の請求件数どれだけ上がってますかって。平成の最初から数件程度だったのが、もう１０００件レベルですよ。労災の請求をできるだけでもまだよかったほうかもしれない。ボロボロにされても、そこに行き着けない人たちもいるし。何もかも壊された人たちなんて、いっぱいいますよ。働き方グチャグチャにされて。誰が救うんだよ、それを。政治しかないだろって！　その政治変えるのは誰だよって言ったら、みんなじゃないですか！　力貸してくださいよ！

ごめんなさいね、感情高ぶって。感情高ぶって申し訳ないんですけど。それくらいの気持ちもって政治やってほしいよ。だって、みんなに食べさせてもろうてるやん。今、人間を本当に部品のように、交換の利く部品のように扱ってるやん。今、勝ててる人でもいつまで勝てるかわりませんよ、ハッキリ言って。あなたが経団連の関連の企業の御曹司だったら話は別かもしれない。海外に資産を大量に移して、この国からいつでも逃げられるっていう状況だったら助かるかもしれない。でもひとりひとり、この国に生きる大多数はこの国で生きるしかないわけでしょう？　だったら政治変えるしかないじゃないかよっていう話なんですよ。もう食い物にされてるんだよ！　全員が！

奨学金で考えてみてください、若い人。奨学金で考えてほしいんですよ。どうして若い人たちに借金させてまで学校で学ばせるの？　教育受けたいという若い人たちに、教育受けさせるようにするのが国の役目じゃないですか。先行投資ですよ。未来に対して投資する。でもこの国は違うよって。サラ金に巻き込んでいってんですよ。これで誰が儲かってるって言ったら金融機関じゃないですか。どうして金融機関に340億、年間儲けさせるために、若い人たちに借金させるの？　大人が借金しようと思ったら何しなきゃいけない？　自分が仕事ちゃんと決まってて、年収このくらいあって、だから返済がこのくらい可能だから、お金借りられるっていう、そういう手続きじゃないですか。でも将来、何者かになるのかもわかってなくて。給料いくらもらえるかわかんないっていう状態で。どうして、そんな人たちに300万も400万も500万も借りさせるような状況にできるんですか。大学院まで出たら1000万。奨学金、肩にのしかかって社会に出る。初任給いくらよ？　その薄い初任給の中から生活していくんでしょう？　その上に奨学金の返済まであるの？　自分で独り立ちできる？　実家から出づらいんちゃう？　家賃まで払えんの？　少子化加速するに決まってるやん。わかっててやってるよ、もう。もうすでにみんな食われてるんですよ。

この国に生きる皆さんのために政治をやりますなんて前提、今の茶番の国会の中でないんですよ！　だから6年いたから。もう一回、同じ茶番に6年、自分があの中に入ったとしても、ガス抜きにしかなれてないじゃないですか。それをもう一回僕がやるんですか？意味がないとは言わない。でも、本当にそれじゃ救えないじゃないかってことですよ。だから力貸してくださいって。みんなで変えるときに来てるんだよって。もう時間ないですよ。時間ない。だからこうやってお願いしてるんです。力貸してくれませんか。力貸してほしいんですよ。政治なんて政治のプロに任せておけばいいなんて大間違い。政治のプロに任せ続けて、いったいどんな世の中になった？　どんな生活になった？　政治家としては未熟かもしれない、粗削りかもしれない。そんな山本太郎だけど、本気でやりたいんですよ。本気で怒ってるんですよ！　本気でやりたいんですよ！　だから力貸してください、お願いします。力貸してください。

「原発事故によって起こったこの福島の状況は風評ではなく実害なんです」

2019年7月18日
福島・福島駅東口

QRコードを読み込むと、スピーチの動画を見られます!!
1:31:17〜

【質問者】こんにちは、ようこそ福島へ。えー、山本太郎さん。今、怖いですか？　ここにいるの。そうですよね。福島は、東京や大阪や名古屋と一緒ですよ。189万の県民、真面目に働いてるんですよ。真面目に物を作って、真面目に米を作って、でも米売れないんですよ。それはなぜか？　風評被害があるからです。（中略）山本さんのツイッター見りゃあね、やっぱり怖い怖い、危ない危ない。そうやって危険を煽《あお》って。だから福島は危ないところなんだって。結局、全国民は思ってしまうんですよ。でもね、真面目に、何度でも言いますよ。189万県民、真面目に仕事してるんですよ。それで、放射能のホの字なんて、ちっとも意識しないで生きてるんです（中略）。

風評被害を政治家が煽ってどうするのか。確かに、それが風評ならば、私は煽るべきではないと思っています。ただ、原発事故によって起こったこの福島の状況は風評ではなく実害なんですよ。もう国会の中ではほとんど原発のことも被曝のことも語られなくなってきてるんですよ。私はね、泣き寝入りさせたくないんです。（中略）これ、だって皆さんが起こした事故じゃないんですよ。で、事故は起きないって言われてきたんですよ。安全だって言われてたんです。五重の壁で守っているって言われたんです。そこから出たとたんに問題ないっておかしいだろって。でね、確かに、例えば福島県の農民連の皆さんたち、ずっと調べてますよ、土壌も。土壌も調べてる。そのサンプルのほとんどが放射線管理区域を上回るような土壌も検出されている。ただ、食べ物には移行しないように、いろんな施策をされていますよ、一生懸命。ゼオライト（＊3）撒いたりとかいろんなことをされてる。食べ物には移行していないけれども、でも土には残っていて、土をいじっている農家の方々が被曝されているんです。でも、この農家の方々を守る、被曝から守るような、そんなもの何もないですよ。だって、農家は個人でやっているから。営農を個人でやっているから。これが企業でやっているものなんだったら、そこに対して放射線から守らなきゃいけないとか、健康診断をしなきゃいけないとかってルールはあるけど、個人で営農されていて食べ物には移行しないようにゼオライトなどを撒けるが、だけども作業をしている人たちは被曝しているって、この実態に対してどうして国は補償、賠償しないの？　おかしいじゃないですか。それを訴えているんですよ。私の国会での質疑をぜひ聞いていただきたい。

（＊3）土壌改良資材のひとつとして使われ、放射性物質のセシウムなどが吸着しやすいという性質を持つ。

　冒頭、私が皆さんに謝罪をしたのは、私、芸能人やってた。で、原発事故から目が覚めた。そのときに、このままじゃ東電と国が逃げ切ることになるだろうって自分の中で焦りまくったんですよ。間違いなく泣き寝入りさせられるコースだって。でも、そのときの私にはみんなを束ねたりとか、どうやって合意形成していくか、という知識なんてまったくない。自分の中で空回りした中で、精いっぱいの中で「逃げてください」っていう話をしちゃった。でも、その中には逃げられる人もいれば逃げられない人もいる。２０１１年の空間線量、特別高かったですよね。その中だったら、私は、私が政府だったら、一時であろうと分散して全国に、いろんなところに、いったん収まるまでは皆さん避難をしていただいて、で、いったん放射線量下がった段階で皆さんにもう一度情報を提示しますから、戻られる方、戻られない方、それぞれ個人で具体的に決められるような情報をこちらが提示しますって。政府だったら、それをやってほしかった、そういうことなんです。それを自分の力で、少しでもいいから動かせないかなと思って空回りしちゃった。それによって傷つけた人がいる。そりゃそうです。言葉をもっと選べばよかった。もっと違うアプローチがあったんじゃないかって、今だから思える。未熟でしたよ。今も未熟です。粗削りです。でも私が発言してきた国会での内容は、申し訳ないですけども風評被害ではない。実害のほうに対して逃がさない、それをどうするのかってことをやっているのです（中略）。

　そもそものコンセンサスとして、例えば土壌の汚染が放射線管理区域を上回るようなところは本当は人住めないんですよ。でも実際に土壌測れば放射線管理区域の何倍ってところも確かに存在するじゃないですか。だからなんですよ。だから初動を間違えるとここまで影響するっていう話なんです。すべての基準は何か？　事故前なんですよ。事故前に採用されてた基準が安全基準とされなければ、人間の命は守れないんですよ。ここがすべてなんです、申し訳ないんですけど。避難解除するというときにも、これはもちろん本人の意思もある。戻りたいんですっていう人の意思もある。けれども最低限として空間線量で20ミリを下回ればという話じゃないんですよ。土壌もセットで情報として提供されなければならない。そうじゃなきゃ人の安全なんて守れないじゃないですか。呼吸しますよ、みんな。子どもは遊びで土が口に入ることもありますよ。

いろんなことを考えたときにやはり事故前の基準ですべてを見ていかなきゃならない。今ね、その１８０万を超える方々の中で心配している人は少ない。そうおっしゃいました。でもそれは国が安全だ、大丈夫だ、で、みんなもう前を向くんだという状況になってるところで、それを今、何か言ったとしてもしょうがないだろうっていう心理もあると思うんですよ。国の初動が最初からちゃんと皆さんひとりひとりに、個別具体的にしっかりと向き合うような体制だったら、あんな事故なかなか起きない。なかなかどうかわからないけど未曽有《みぞう》の事故っていわれているものが起きて、大混乱。その中で大丈夫だ、安全だっていう根拠が、事故前の根拠じゃなかっただろってことですよ。安心安全の大合唱では、それは担保出来ないってことですよ。じゃ、今までの安全基準はなぜ作られてきたのかって話になるじゃないですか。事故が起こって安全基準が引き上げられて、それで安全だっていうのは、ただ数字いじっただけじゃないですか。人々の本当の安全、健康を守るというのが国の仕事なのであるならば、間違いなく民主党政権時代の初動は間違っていた。これは自民党でも同じことだと思います。だから私が何をするのかっていう話ですけれども、当然、先ほど言いました。ＪＣＯ、茨城東海村、レベル4の事故（＊4）ですよ。被曝線量1ミリを超えるって方々に対して、生涯の健康診断、ガン検診付き、これを補償しています。これはその当時、東海村にいらっしゃった方じゃなくて、たまたま立ち寄った、そういう方に対してもその権利を与えてる。レベル4の事故です。同じにしません？　いいですよ、心配がないって方はいい。だけど、心配だっていうときにしっかりそういう検診が受けられるっていう制度は必要でしょってことなんですよ。未来永劫《えいごう》そういうものに対して支払いをし続けなければいけないのが加害者側の責任なんですよ。

（＊4）東海村ＪＣＯ臨海事故。1999年9月30日、茨城県那珂郡東海村にある株式会社ジェー・シー・オーの核燃料加工施設で発生した原子力事故。国内で初めて、事故の被曝で死亡者を出した。

インタビュー1

れいわ新選組代表

山本太郎

取材・構成 木村元彦

「自分のためです。でも、ひいては、すべての人のためにもなりますよね。だからやっているんです」

1990年、高校1年生のときにバラエティ番組の人気コーナーで披露した一発芸「メロリンQ」でブレイク。翌年から、俳優として活躍。

与党側にも野党側にも緊張感を与えられるような存在

山本代表にまず聞きたかったのは、れいわ新選組結党の理由と時期である。何をいつから考えて、どのタイミングで立ち上げようと思ったのか。また物議を醸《かも》した政党名の由来は、そもそもなんであるのか。

山本　いつかは自分で旗を揚げたいと思っていたのは、けっこう前からです。目に見える形で表現したのが、2014年の小沢一郎さんとの合流「生活の党と山本太郎となかまたち」。ひとつの政党にふたつのグループ名が含まれているのが、意思表示でもあるわけです。この名前、実はプランBでした。プランAは、「新党・太郎と一郎」。「なんじゃ、それ？」という突っ込みから興味を持ってもらうという考えで。ただ個人の名前が政党名に入っていたら、衆議院選挙のときに名前を変えなきゃいけなくなるという理由からBになりました。この名前を許した小沢一郎さん、すごい人ですよね。独自の旗揚げについては、その後も、選挙のたびに自分たちで何かできないか、ということを考えていたわけです。狙いは、既存の野党では、候補者として出にくい人たち、例えば原発作業員の方や原発事故で避難されている方、貧困の当事者やコリアンジャパニーズなどを擁立できないかと思っていた。だけど、これまでタイミングが全部合わなかったんです。その究極は2017年の衆院選のとき。民進党が崩壊して、希望の党の動きがあり、立憲民主党ができた。この中で、もうひとつ選択肢を増やすというのは、混乱しか生み出さない。だから諦めるしかなかった。毎回、踏みとどまらせたのは、野党共闘という部分でした。もちろん共闘には大賛成でしたが、それだけでは政権交代にはつながらないという気持ちも強くなってきた。

私が国会にいた6年間の間に選挙は4回ありました。その間、一度も政権交代につながるような結果は残せなかった。それについての総括はほぼ行なわれていなかったと記憶しています。私は、その原因はふたつあると考えます。人々が野党に託《たく》そうと思える経済政策の欠如。そして、ハッキリとした対立軸が見えないこと。自民党が野党のときには、どんな小さなことにでも言いがかりをつけて大問題だと大騒ぎするチンピラ的立ち回りで、「ヤカラ」と表現するのがシックリくるほどでした。これは悪口を言っているのではなくて、彼らの権力を取り戻す気迫、執念に対する褒《ほ》め言葉です。一方で現在の野党の戦い方は育ちの良さが滲《にじ》み出すぎ。一見、政権与党と見紛《みまが》うほどの余裕、品の良い対応です。相手が常軌を逸《いっ》した国の運営を行なっているのですから、貴族ではなく鬼にならなければ、この国に生きる人々は異常事態に気づけない状態だと思うのです。国会運営を見ても、あまりにも優等生的対応です。

例えば2018年でいえば、入管法（改正出入国管理法）。安い労働力を外国から大量に入れるための法律ですけど、将来的にはもともと日本国内で働いている人々の賃金の低下や、労働環境のさらなる破壊にもつながるばかりか、さきざき外国人労働者との間で衝突や分断も起こり得るもので、働く人々にとってはまったく得のない、絶対にやってはいけないものです。つまり野党にとって、本気の徹底抗戦が絶対必要な場面。にもかかわらず、国会は一日も延長しないまま終わってしまった。入管法の審議自体はすごくよかったんです。野党の優秀な先輩方の追及によって、これが、とんでもない法案で穴だらけだということが、審議を重ねるたびに噴出しましたから。委員会での審議が最終盤になるとその先は、採決になります。

だから、その手前で審議に応じずに身体《からだ》を張って止める、国会を不正常化させる必要があるのではないか、というのが私の考えです。数では勝てないのだから、時間を稼いで騒ぎを大きくして、この国に生きる人々に注目してもらわなきゃならない。毎日、与党と野党で揉《も》み合いになるような場面を作れば、マスコミは映像や記事を流さなきゃいけなくなる。そのたびに、問題となっている法案の中身について、触れないわけにはいかない。野党がマスコミにコンテンツを提供し続ける、ってことです。国会の不正常な状態が長引けば長引くほどTVなどを通じて、与党はとんでもない法律を作ろうとしてるんだな、との認識が全国津々浦々の人々に伝わる。これこそが、次の選挙でのジャッジにも影響するのではないでしょうか。

数の力で圧倒的に負けていたって、戦い方はあるはず。野党の先輩からは、牛歩を独りですることに関しても、往生際が悪い、選挙で勝つしかないと、ごもっともなご意見をいただくこともありますが、権力を握るまでは何もできない、と諦めるわけにはいかない。徹底的に抗《あらが》う、ということを身体を張ってでもやってのける勢力こそが、人々に最大限の情報提供を行なえるばかりでなく、ハッキリとした対立軸、次の受け皿としての意志を示すことができると思うんです。現在の野党がそういった抵抗をやらない理由は何か。次の年には参議院選挙だから、早く国会を終わらせて活動したいという気持ちもあったのかもしれないし、身体を張って抵抗する泥くさい戦い方は、見え方としてよくない、時代に合わない、という考えがあるのかもしれません。ネットや産経新聞に批判を書かれることにビビってる場合じゃない（笑）。

残念ながら、入管法のみならずTPPやカジノなどいろんな審議があったんですが、どの場面においても、似たり寄ったりでした。最後までやってやる、という意志をひとりであっても示すため、独り牛歩ってことも度々《たびたび》ありました。これをやる前はかなり憂鬱《ゆううつ》です。でもやらなきゃいけない。与党に対してはロクでもない法律作りやがって、という気持ちを込めて。野党に対しては、徹底的に戦うって言ってたんじゃないのか、ガチンコでケンカしようぜって思いを込めて。私が超党派で嫌われる理由です（笑）。そのような抵抗は、法案の可決を数分ほど引き伸ばしたにすぎず、順調に国は壊されていく。

そんな永田町の中で、このままでは政権交代なんか不可能だと思えてきたんです。そう考えたとき、与党側にも野党側にも言うべきことは言う、いやな存在、緊張感を与えられるような存在がいなくては、ゆるい永田町には響かないと、旗揚げの決断をしたということです。党名について、結果的に「れいわ」という元号を使うことに、右派からも左派からも矢が飛んできました。「元号を使うとは何事だー！」、もう一方では「天皇制についていかに考えているんだー！」みたいな。元号を使った狙いは、旗揚げ会見をした4月10日から参議院選挙が始まるまでの3ヵ月ほどの間に党名を浸透させるには、みんなが知っている響きを使うしかないという考えからです。団体名は浸透しにくいので、改元の大宣伝に乗るのが早い。それと誰もが知っているグループ名として新選組をくっつけた。

山本太郎の活動を見て、あえてドラスティックな言い方をすれば、「票にならない人」に対しても力になろうとしている気持ちが痛切に伝わってくる。ホームレス問題や国連が「拷問」だと指摘した入管の被収容者については、委員会の審議だけではなく、実際に茨城・牛久の東日本入国管理センターなどへ直接足を運んでいる。政治家は「有権者のために」という言葉を往々に発するが、裏を返せばそこには排除の思想がある。選挙権のない人々までも視野に入れて救おうとする、この行動の源は、どこにあるのか。

山本　入管問題はここ数年、取り上げさせてもらっていますが、結局、議員って、票になるかカネにならなきゃ動かないことが多いんです。でもそもそも票にもカネにもならないところを、まず助ける政治。その人たちが切り捨てられないということは、この国に暮らす人は、全員が切り捨てられないことになる。そう考え動く議員がいてもいいだろうということです。入管のことをやりだしたのは、被収容者から手紙をもらったことがきっかけです。私のところに、牛久からも大阪（大阪出入国在留管理局）からも長崎（大村入国管理センター）からも頻繁に助けを求める手紙が送られてきます。ほんとにたどたどしい文字の人から、ものすごく文章のうまい人、もう「これ書いたの日本人、違うの？」というような人まで。それは何かというと、日本で生まれ育ち、小さい頃から日本で学校教育を受けていたけれども、親の入管法違反を理由に、いきなり入管に入れられた人ですよ。被収容者や仮放免（一時的に収容を停止し、身柄の拘束を解くこと）された人（外国人）とかに、「入管を批判するんなら、サッサと日本から出ていけよ」みたいなことを言う人もいますが、でも難民として逃れざるを得なかった状況や、迫害の犠牲者として日本に逃れてきても入管で人間扱いされていないような実情があるわけです。一度、入管施設で南米出身の20代前半という人に会いにいったんですけど、しゃべりは完全日本人ですよ。頭の回転も速いし、こんなところに閉じ込めずに、仕事に就《つ》けたら、会社にも社会にもプラスなのにもったいないと思ったんです。

日本を愛している外国の方を何年にもわたって施設収容して、まったく先が見えないという虐待を何年も続けることに、さらに怒りが湧《わ》きました。役者時代に映画『夜を賭けて』（２００２年公開）の中でやらせてもらった役で、入管に入れられて、ひどい暴力に遭《あ》うシーンがあるんですけど、当時は実情も知らないまま演じていました。逆に言えば、政治家になってからいろんなことを知って、ああそういうことやったんか、というふうに思うところです。今再びあの役を演じたら、途中で入管の実態について詳しく説明したくなると思いますね。説明セリフだけで15分は必要だな（笑）。

9人の候補者が決まっていったプロセス

旗揚げした4月の段階で、山本代表は特定枠（比例代表で政党が当選者の順位をあらかじめ決めること。特定枠の候補は個人得票に関係なく名簿の順位で当選できる）の存在についてすでに注目していたという。

山本　旗揚げをして、いろいろ動いてたら、そういえば特定枠ってあったよなあと思い出したんです。制度化されて、そんなに時間がたっていないけれど、どんなんやったっけ、合区の何かやったよねと概要を取り寄せてみたんです。「お！　全然使えるやん、これ」。優先的に当選できる人を作れるということだから、普通ならば国会議員にはなかなかリーチできない人でも、私が下に回って、その人を押し上げることができると考えたわけです。自分が最初に当選というのは、面白くないですし。候補者10人そろえて、私の力だけで3人、4人当選させられるような選挙結果にならなきゃ世の中変わるまで道のりは遠いし、旗揚げした意味もない、何よりドラマティックで面白い、と考えたんです。まあ、そんなこと考えているから、自分が落ちるんですけど。

9人の候補者が次々に発表されていった。何を基準にどのようなプロセスで決まっていったのか。個々の

候補者について質問した。真っ先に名前が発表されたのが、蓮池《はすいけ》透《とおる》氏だ。

山本　戦っている大人って、少ないじゃないですか。不屈という言葉が似合うような人と一緒にやりたいなと思っていて。蓮池さんの顔が浮かんだんです。拉致被害者家族という数奇な運命みたいなものを背負われている方ですけれど、何よりも東電の原子力に関わっていた技術者という部分。私が行動を起こすきっかけになった原発についてのスペシャリストでエビデンスがあるというのは大きいと思います。蓮池さんが専門性を持って切り込んだら、政治家も、電力会社も、ぐうの音も出ないということです。不屈というイメージが合う人を、まず一緒にやりますということで宣言しないことには、そのあとに拡がらないと思っていました。だから何がなんでも蓮池さんに、一緒にやってもらうという気持ちはありました。

2番目に発表されたのは女性装の東大教授、安冨《やすとみ》歩《あゆみ》氏。

山本　安冨さんの名前はスタッフから声が上がったんですが、会って最初に政策なんて意味がないと言われたんです。うわ！　ほんまにこの人、ビジュアルだけじゃなくて、全部ぶっ飛んでるねんなと思った。政策を掲げない政党なんて、あり得るんかなと思ったけど、要はもうすべてが手遅れだというんです。ただ、政治家として子どもを守らないといけない、その点は一致。一緒にやっていける。一方でれいわの政策については、私は批判的になるかもしれないとおっしゃった。面白いじゃないですか。そんな候補者いないじゃないですか。だって、自分が立候補しているグループの政策に対してケチをつけ始める人なんて、見たことないでしょ。「消費税を廃止と言っているけど、私はこれに対しては、そう思わない」みたいに演説中に入ってきたりとか、自分の中で妄想したんですけど、それはそれでハプニングとしてありだなと思って。実現したい世の中が子どもを守れる社会というのが共通合意なら、その間の道のりに対して、考え方の違いはあったとしても、ＯＫということです。

特定枠で当選を果たした木村英子氏とは、以前から面識があったという。

山本　今回の選挙に至るまでの間に、木村さんとは厚生労働省との交渉に一緒に行っていました。そこでの彼女の追求の仕方、話の詰めていき方が非常に優秀だった。絶対政治家に向いているから、そういうチャンスがあったら、ぜひ一緒にやっていただきたいと、何年も前にすでにお話ししていたんです。障害者の自立生活のために足りないものをプラスしていくということを常にやってきた人で、東京・多摩地域での障害者の自立を形にしてきた実績もある。資質は十分だということです。

同じく特定枠で当選したＡＬＳ（筋萎縮性側索硬化症）の舩後靖彦氏とはどんなきっかけだったのか。

山本　特定枠は木村さんと、もう一枠、障害のある方を国会に送り込みたいということを考えていました。この深刻な病気についてＡＬＳ協会前理事の方と話をしていたら、一度、以前（市議選）に立候補された方がいらっしゃると。そういう経験値がある方は初挑戦よりもハードルが下がりますよね。それが舩後さんでした。結構ギリギリの日程でセッティングしてもらって会いに行きました。当時、れいわ新選組は、事前に5000サンプルの民間の調査をやっていたんです。新聞の世論調査とかでも、1000とか2000ですから、より精度の高いものです。その調査の結果、おそらく200万票、取れるだろうという票読みをしたわけですよ。私が全国で出た場合、山本太郎と書いてくれる人が200万いる。ということは、もうふたり当選決まりです。だから舩後さんには、立候補してくださいと言うだけではなくて、特定枠というのがあるから優先的に上がります。おそらく国会議員になると思います、と説明をしました。当選は確定なので議員になるという覚悟が同時に問われるわけです。その場では即答はいただけなかったですが、その後のメールでのやりとりで、やっていただけるという答えをいただきました。自分として一番、舩後さんに言いたかったのは、このままではさきざき安楽死というものが、国会で通る可能性もあると。生産性で人の価値をはかるような発言が国会議員の中からも出てきている。将来的には命の期限を決められる社会にもなり得ることを懸念している。最重度の寝たきりの障害者として、そのフロントランナーとして、生産性主義にブレーキをかけてほしいという趣旨のメールを送りました。日本はもう地獄みたいな世の中になっているから、もしもそういうことが法制化された場合、一番死の淵に近づくであろう人たちから、声を上げていただく。その当事者が国会の中にいるというのは、これはその議論の重みが変わりますね。

住友銀行を経て独立し、戦うセブン-イレブン・オーナーになった三井義文《よしふみ》氏。

山本　候補者としていろんな当事者がいてほしいという思いがあったんですけど、コンビニ問題も重要課題としてあった。これは搾取の方法として、現代版になっているということです。雇用している人間から直接搾取するんじゃなくて、フランチャイズ事業者として独立させて搾取するという形を変えた方法のひとつで、それが社会問題化しつつある。その生の声を選挙を通じて発信してもらいたかったんです。実際にお会いすることになってふたりで喫茶店に行ったんですけど、周りに人がいっぱいいたんです。誰が聞いているかわからない。だから持っていたiPadでGmailを開いて文章を書いて「すみません、人がいるのでこれ読んでもらえますか」と見せたんです。立候補してもらえませんかって。発話せず、通信すらせず、事実上の筆談でお願いをして、後日ＯＫをもらいました。

公明党の政策に反対する沖縄の創価学会員の野原善正《よしまさ》氏。

山本　創価学会の今の執行部に対して、これはおかしいと声を上げている方々が全国にいらっしゃることを知っていました。基地問題など、与党としての公明党の政策に賛同できないけれど、支持や投票を結果的に強制させられると。パージされたり、除名された現役学会員の人から直接、悲痛な訴えをたくさん聞いていたんです。創価学会自体が憲法で保障されている信教の自由を侵している、政教分離がなされていない。この問題は取り上げたくて、国会予算委員会のテレビ中継入りのときに、時間が確保できたら、やろうと思っていたんです。それで自由党と国民民主党の会派のときに、質問権をもらったんですけど、お題を絞《しぼ》られちゃった。その中で5分だけでも捻出できないかと頑張ったんですが、ほかの質問が成立しない状態だったのでできなかった。国会質問を逃してしまったから、選挙で問題提起する必要があると思ったときに、野原さんの顔が浮かんだわけです。沖縄県知事選で（玉城）デニーさんの選挙応援をされているのも記憶に残っていました。

れいわ新選組は参院選の立候補者を公募して、それに応募したのが辻村千尋《ちひろ》氏と大西恒樹《つねき》氏だった。

山本　２０１９年6月30日の時点で、応募してきた方が２１３人いました。その中からだったら、もう大西さんと辻村さんで決まりだな、というのはありました。だけど日常業務に追われていて、決定、記者発表というところにすぐいけなかったのでそれが申し訳なかったです。辻村さんは環境保護団体でのブレーンとしても信頼していましたし、大西さんも街宣に来てくれていてフェア党での活動を知っていたので、人物は理解していました。

最後がシングルマザーで元派遣労働者の渡辺照子《てるこ》氏。

山本　木村英子さんのほかにも女性の候補者がやはり欲しかったんです。渡辺さんは、れいわ新選組のカメラマンの紹介なんですが、今の日本の中で貧困に苦しむ人たちのことを誰よりもわかっている女性のひとりですし、それを伝える言葉も持っている。一緒に戦っていただきたいと、街宣が終わって移動中のタクシーの中から、運転手さんに声を聞かれないように電話しました。次の日がボランティアや支援者に対する全体のお披露目だったんです。打てば響くように翌日、写真を撮って記者会見という超スピードで決まりました。たった3ヵ月でも、旗揚げ、候補者選定や選挙まで、やればできるんです。無茶苦茶ですけど（笑）。

福島だけは選挙の街宣のやり方を変えた

選挙戦を前に200万票獲得との票読みで、特定枠を舩後氏、木村氏のふたりで使う。代表である自分が落ちるというリスクについて、どちらかひとりをトップにしたとしても自らを2番手に置くという選択は考えなかったのか。

山本　6年前と同じ1議席を守るだけだったら、まだ小沢さんと一緒にやっていますよ。確実に1議席、東京（選挙区）から出て議席を守って、政治について小沢さんからイロハを学ばせていただく方が、政治家としてのキャリアを確実に積める。でも、私は自分のキャリアアップのために政治家になったわけじゃない。

今の日本が壊れるのを止めたいという思いが原点です。議員として参議院を6年やって、その結果、動かせたこともあるけど、存在的にはガス抜きでしかなかった。この先、私という政治家のキャリアを確実にするために、何十年も積んでいくようなやり方では、国の破壊をゆるめるブレーキにもなれない。間に合わない。ここからも政治家を続けるなら、これまで永田町になかった緊張感を生み出すような勢力を作る、というなら意味がある。この先も政治を続けると自分自身を納得させるためには、私以外の皆さんも巻き込みながら世の中を変える運動を作らなきゃならない。

そのためには、私の覚悟が伝わる戦い方を示す必要があった。半端な応援では山本太郎は落選しますよ、という。応援者のひとりひとりが候補者のつもりで必死に動いてもらって議席を担保しなきゃ山本太郎が政治を続ける意味はないし、もっとみんなが能動的に動かなきゃ数も増えないやん、と考えたんです。政治はみんなで作っていくものじゃないですか。そのきっかけを大々的にこの選挙で行なおうと。障害のある方ひとりを特定枠にして、あとはもう得票順にという話もスタッフサイドから出たんですけど、国会に行った際のことを考えても、それではインパクトが弱い。現在の障害者施策を変える上では、障害のある議員ひとりでも変わるかもしれないけど、スピードは絶対遅いだろうと。とにかく、これまでは国会議員になるということが、あり得なかったような人たちを国政の場に複数送ることが、永田町にとっての劇薬になると考えたわけです。

10人の体制が決まり、選挙戦に突入していった。全国を回る予定を組みながら、山本代表は選挙の街宣のやり方を福島においてのみ変えることにした。普段、行なっている街宣では、聴衆にマイクを渡して対話を

するが、選挙のときは山本代表ひとりで演説することになる。それをこの地だけは時間を延長し、聴衆からの質問を受け付けることにしたのである。

山本　選挙のときに福島に行くんだったら、これは自分の言いたいことだけ言って終わるんじゃ、話にならないだろうと思ったんです。原発事故からの反省点というのは、自分の中でも、かなり明確なんです。被害者的立場の人に対して、追い詰める可能性がある言葉をかけたりしてしまった。原子炉等規制法及び放射線障害防止法では、事業所外の一般公衆に年1ミリシーベルトの追加被曝を与えないとの考えから、施設の規制がなされているにもかかわらず、福島の子どもたちがいる学校まで含めて放射線量基準を、20ミリシーベルトとしてしまった。1年中放射線管理区域に居続ける人はいませんが、それで年間5ミリと少し。その約4倍を子どもたちに許容する政治など、破綻《はたん》してるじゃないですか。そんな政府は許せないという話なんです。何も私が勝手に思いついた数値を言って、それは危険だとかって言っているわけじゃない。あくまで事故前の基準で考えないと人々の健康は守れない、と訴えていました。一方で地元の人にとってみれば、あなたが危険だと言っている数値について、国は安全だと言っている。だから私たちは住んでいる。あなたの言葉ではなく、国を信じるという方々もいらっしゃいました。当然の反応でしょうね。そこに対して提案や説得という術《すべ》を自分は何も持っていなかったということなんです。ほんとは力を合わせて、東京電力や国に対して、けじめをつけなきゃいけない。そういう力を集めたかったのに、逆にその合意形成の仕方がわからず、危険だ、身を守れ、というアナウンスしかできなかった自分が人々を苦しめることになってしまったという反省点は、ずっとある。今でも胸が苦しい。だから福島で憎悪を持って、「山本太郎、許すまじ」という人がいらっしゃったら、直接ご意見を言っていただこうと思って編成を変えたんです。

福島では、聴衆と徹底して対話を心がけた。「私たち県民はこの場所で真面目に働いているのに、国会議員が風評被害を煽るのか」という男性とのやりとりの動画は、35ページのQRコードから見ることができる。またれいわ新選組の街宣イベント「れいわ祭」は、旋風を巻き起こした。選挙期間中、山本代表は党派を超えて、手を結べる候補者の応援にも奔走した。ほかの候補者たちもそれぞれにエッジの利いたスピーチを街頭で繰り返し、これらの活動は大きく支持を集めてSNSなどで連日拡散されていった。しかしほとんどの大手メディアはこれを伝えなかった。放送禁止物体としてマスコミに無視されながら、投票結果は党全体で228万252票、そのうち山本太郎は比例区候補者最多の99万1756票を獲得した。代表は落選したものの舩後氏と木村氏は当選、政党要件である得票率2%以上をクリアして国政政党として成立した。

次のステップでは中規模政党にまで持っていきたい

3ヵ月で政党を作りあげた山本太郎はその3ヵ月後の10月18日、鹿児島にいた。次期衆院選に向けての全国ツアーをすでに開始していたのである。9月に始まったツアー第一弾は北海道、そして第二弾は九州。その後も、沖縄、東北、北信越と続いた。政党となったれいわ新選組の現在地、今後の戦い方、政権取りへのロードマップについて聞いた。

山本　今回の街宣は地方から始めました。理由はふたつあって、ひとつは物理的にアクセスに時間がかかるところから先にということです。つまり、いつ解散になって、選挙になるかわからないからです。早くて年内か、もしくは年明け冒頭なのかわからないですけれども、時間切れで行けませんでした、ということになるのが一番怖いので、先に時間がかかるところは行く。もうひとつは、そのアクセスに時間がかかるという地方都市こそが、一番政治によって疲弊させられてきたということです。これまでの政治による失策の連続で地方は衰退し続けている。そうなると、行く順番は必然的に地方からとなるわけです。一番困っている人のいるところ、一番大変なところから行く。消費税を上げて、一番厳しいのは地方だし、離島です。地方の商店街はずーっとシャッターが閉まっていて衰退している。衰退するようなことしかしてこなかったからです。北海道のある首長さんに聞いたのですが、小泉政権時代から地方の交付金がずいぶん減らされていて、それが全体の1割ぐらい、つまり30億とか、40億円の削減というレベルになっているそうなんです。地方財政でこれだけの額が減らされたことで、これまでできていたことができなくなるわけですから、提供できるサービスもダイレクトに変わってくるんです。ほかにも、かつて根室では魚がたくさん取れていたそうで太平洋銀行と言われていたと。根室の人が札幌に飲みにきたら、「うわ！　お金持ちが来た」って、喜ばれていたそうなんですが、今は悲惨なくらいに漁獲量が減ってる。今回根室のおしゃべり会で、最近ハローワークを見てきたという人が「一番高い給料で14万円」。手取りでは10万切りますよね。これ以外の仕事はもっと賃金が低い、って。これではやっていけないと。

あと、地方で深刻なのは人への投資ですね。鹿児島には昨日着いたんですけど、ここはすごく離島が多いんですよ。その離島の子どもたちを受け入れて、鹿児島市内で高校に通わせながら、大学に進学させるということをされている方がいて、離島は人材の宝庫だというんですね。その方はここ数年で東大に4人、送り込んだそうです。自分は住まいと食事の提供と心の支えをずっとやっているけど、国からそういう支援はないと。で、私は国からの支援が欲しいわけじゃなくて、その子どもたちを送り出している親御さんたちに対して支援をしてほしいというんです。親御さんは子どものために月収の多くの部分を支出しないといけない。地方や離島には、有望な人材がいるのにもったいないですよね。この国の資源でもある人間に積極投資をすることが未来を作る、という発想が希薄すぎます。私は奨学金についても、サラ金でしかないと問題視してきましたけど、人への投資というものがなされない限り、国は衰退していくしかない。まあ、北海道でも九州でも共通して、みんなが望んでいると思うのは最低賃金の引き上げです。消費税を廃止することによって、それまで首を絞められていた中小零細企業の負担をなくして、税制改革で法人税の累進性を導入する。儲かっていたら税率が上がり、儲かっていなければ税率が下がる。中小零細企業に対する事実上の減税です。並行して消費税を廃止できれば、物価が下がってモノが売れる状況が担保できるはずです。消費税による中小零細、個人事業主の重すぎる負担をなくす。法人税改革でさらに負担を減らし、消費が喚起されモノが売れる状態になれば、中小零細は今よりも賃金を上げられるはず。そこに足りない部分は足しますね、ということを国がやっていくならば、私は全国一律最低賃金を政府補償で1500円にすることも可能だと考えています。

そうなれば、わざわざ家賃の高い東京や大都市なんかに住まずに、地元に残るとか、戻る動きも出るだけでなく、子育てしやすそうな地方に人が流れてきます。これは一極集中、三大都市圏への人口の流出を止めるにとどまらず、地方の衰退する経済圏を復活させるばかりか、20年以上続くデフレからの脱却にもつながる。安全保障上、人口は集中するより分散したほうがいい。例えば、大規模な大災害が必ず起こるといわれているなかで、もし首都圏が壊滅的な状態になった場合どうなるか。もし広範囲にわたる災害で首都圏のみならず、いくつもの地方都市が機能しない状態になった場合、どこで日本の舵《かじ》とりを行ないますか？ 有事には司令塔的役割を全国のどの地方都市でも行なえる、というバックアップ体制を作っておくことも安全保障上、必要なのではないでしょうか。そのためにも、地方を衰退させてる場合じゃない。疲弊させてはいけない。口先だけではない、本気の地方創生を始める必要があるってことです。それには全国一律最低賃金1500円を政府が補償する必要があるのです。

地方の現場を見て、置かれた現状を把握しながら、次の衆議院選挙も見据《す》えなければならない。戦略的なことも加味して動かなくてはならない状況のなかで、多くの人の関心事はそのとき山本代表はどの選挙区から出るのかということだろう。

山本 単純に山本太郎の1議席をどこで得るのか、ということのみを考えるのならば、確実なところを狙うだけです。前の参院選で負けていますから、次は絶対バッジをもう一度付けるために、勝ちやすいところに行くというのが、一般的な戦略だとは思うんです。でも、それをやっちゃうと何も面白くない。1議席は取れたとしても、私の選挙区以外には、ほぼ影響を与えられないと思うんです。次の選挙での私たちの戦い方は2種類あります。ひとつは、独自でやる方法。もうひとつは、野党と共闘する方法。野党と共闘するとは、要は棲《す》み分けです。野党側にいろんな配慮をしながらやらなきゃいけない。つまり、衆議院の小選挙区で私たちが候補者を立てられるところは極端に限られてしまうということ。その候補者を立てられるところも、はっきり言ってしまえば野党もともと立てなかったところ、勝てる見込みがないところをわざわざ譲られるということになる。だから、れいわ新選組の議席を増やすという意味では、不利です。野党共闘では、れいわの議席は積み上がっていかない。我々は超小規模政党というところから、次のステップでは中規模政党にまで持っていきたい。衆院選の次、3年後の参院選というところで大きく戦うためにも確実に人数を増やしていきながら、党の機能も強化していかないといけないと考えています。その点からすれば後者は得策ではない。

ただ、私たちはそういうことはわかっていながらも、野党共闘をやることに関して前向きな条件を出しているんです。野党が塊《かたまり》になり、消費税を5％にするという共通政策を旗に選挙を戦うなら、私たちも加わります、と。私たちが単独で政権を取るまでには、まだ時間がかかる。で、れいわが掲げた政策はそれまでお預けというのは、筋が通らない。なによりも、すぐに少しでも人々の生活を楽にする、救うのが政治とするなら、消費税を減税の可能性がある方向へ、自分たちの議席を増やす前に、そちらに向けて舵を切るべきだと。人々の生活の困窮具合を見ると、私たちが主導権を握るまで待っていたんじゃ、もたない。その間に一回、減税を挟み込まないといけないという判断なんです。逆に、この消費税5％という部分をのめないという話になるんだったら、もう独自でやるしかないという考えです。

数でない戦い方もできるということを示した

もうボールは投げている。あとはほかの野党がどう考えるか。それをいつまで待ってどこで決めるのか。

山本　そのタイミングをいつにするか、一緒にやるのか、やらないのかという判断の時期は、すごくセンシティブだと思うんです。戦い方が変わるから。ただ線引き自体は明確ではあるので、野党にとってはそこまで難しい話じゃないと思います。野党が消費税5％に乗れないということになると、私たちは旧体制との戦いになる。どういうことかというと、与党側のところにも立候補者を立てるし、それ以外にも野党側の「まだいたんですか？」という人たちに対しても、候補者を立てなきゃならないということです。旧体制を死守しようとしている野党側の重鎮たちともやり合わないといけないので、まったく戦いのフェーズが変わります。

候補者を出す選挙区の問題もあるが、具体的には選挙戦術のどこが変わってくるのだろうか。

山本　単独でやる場合と野党共闘でやる場合とでは、山本太郎というカードの使い方も変わってくると思うんです。単独でやるとなったときには、見世物的な動きはやりづらくなります。見世物的な動きとは、例えば安倍総理の選挙区、あるいは麻生太郎さんの選挙区に立ちます、というような全国的に注目されそうなカードとして動くことなんですが、そのような半端なく選挙に強い人とぶつかる場合、私はその選挙区から出られなくなります。張り付きで自分の票を集めなきゃいけなくなる。となると、山本太郎カードを劇場型で使う戦い方は、野党共闘のときにしか使えないということ。逆に言えば、注目を集める見世物的カードを、野党側が手に入れて、投票率を上げるために好きな選挙区に使えばいいじゃない、という話です。かなり譲歩してますよね（笑）。一方で、野党が条件をのめない、となると話は変わります。独自でやります。100人の候補者を擁立する目標です。私がどこに立つかはしっかりと考えないといけなくなると思います。

与党と同様に野党もまた、れいわ新選組の動向を気にしている。先の参院選では、与党ではなく、自分たちの票を削られたと主張する野党の人々が少なくない。

山本　その分析自体が、私はずいぶんぼけているな、という感覚です。その票の一部は、前回あなたたちに投票したかもしれないけれども、私たちが出なかったら投票に行ってもらえてない票ではないですか、という話です。もう期待を持てなかったということで、より政治家に距離を置かれていた人たちを、私たちは受け皿として拾ったと思うんです。なので、自分たちが取ったはずの票をそのまま奪われていったなんていうのは、自分たちへの過大評価でしかない。もっと現実を見たほうがいいんじゃないですか、と思うんです。政治に対して諦めてしまったり、政治自体にまだリーチできていない人たちに対して、どう拡げていくかということがすごく重要で、衆院選もその意識でやっていくしかないと思います。でも、参議院と衆議院は戦い方が全然違うんです。参議院はどちらかというと、キャラクターの濃いメンバーが、集団でがんばるサーカス団スタイルでも成立するんですけど、衆議院は1議席しか取れないという1人区（小選挙区）が280以上あるんです。そう考えると、サーカス団で臨めるものではない。腕に覚えがある人、現職でなかったとしても、ノウハウがわかっている人たちも織り交ぜていかないと、なかなか議席の獲得ができない選挙です。

確かに、議席獲得は大きな命題であるが、与野党がそれでも2議席しかないれいわ新選組に戦々恐々とす

るのは、その存在感にある。過去、どんな新政党が出てきても、ここまで脅威を感じさせる存在はなかった。

山本　政治は数だというけれども、数でない戦い方もできるということを実際に形にしたのが、れいわ新選組の船後、木村です。その存在だけで、登院もしていないのに、国会がバリアフリーになっていくということがあった。今のこの時期においての野党間でのやりとりみたいなものを見ていると、れいわ新選組は何をするかわからないと思われている。永田町に今までいなかったような生き物で、やると言ったらなんでもやる。これまで私ひとりでも、牛歩を何回もやって迷惑がられていたぐらいですから、あいつは空気を読まずになんでもやるだろうということは、もう十分ご理解いただいているとは思いますが（笑）。たとえ数が少なかったとしても、やり方次第で永田町を揺らすことはできると思うんです。衆議院でたとえ5議席であっても、7議席であっても、要はふた桁に届かなかったとしても、少数なりのやれることが出てくるだろうと。場面によっては、キャスティングボートを、握れる可能性もなきにしもです。どこを突いていくのかを間違えなければ、十分戦っていけるだろうと思います。

この先、れいわ新選組はどんな社会を作りたいのか。

山本　誰もが切り捨てられない社会を作りたい。私自身が、「ああ、切り捨てられるんだ」ということを感じたのが、福島第一原発事故でした。16歳から芸能界で働いていましたから、同世代では当然、納税額も多い方なのだから、有事には国が守ってくれるはず、と高《たか》を括《くく》っていたんでしょうね。「直《ただ》ちに健康への影響はない」という政府発表に度肝を抜かれた。自分程度では簡単に切り捨てられるレベルだと感じた瞬間でした。貢献度、みたいなものによって助けられる順番が社会の中にあるだろうというような考え方を私も持っていたのかもしれない。いやなやつですね。軽蔑します。芸能の世界に20年いて、自分もそこの住人で、助けられる側にいるだろうと。それが「いや、あなたも捨てられる側だ」と言われた気がした。ほとんどの人が切り捨てられる、それを自分で感じたときに、目が覚めた。だったら、全員を救う社会にしなきゃと思ったわけです。

原発事故で事実上の切り捨てということを、たくさん見てきました。例えば、避難区域が（福島第一原発から半径）30キロに限定されました。でも「30キロといったって、通り一本、挟んだ区域外のところとどう違うの？」と。で、賠償の中身が変えられて、結局、分断が生まれた。同心円で括れるような汚染じゃなくて、その日の風、雨、天候状況、いろんなことでその放射性物質が運ばれていって濃淡があるのにいっしょくたに30キロ外は安全とされた。子どもを連れて避難した人たちは、国によって「勝手に移動したのだ」ということにされてしまう。２０１１年の事故から、人間を簡単に切り捨てるのが政治なんだと、ひとつ見る目ができた。それ以降は、原発・被曝の発言で仕事を干されだしました。逆に時間ができたので、お呼びがかかれば全国どこでも行きました。そのなかには労働環境の破壊、子どもの貧困、奨学金など数々の問題の当事者や支援者などからお話を直接聞く機会があって。それまで怒りの矛先は、政府やマスコミに向いていましたが、原発以外にも社会問題が山ほどあることを知っていったら、怒りが自分に向かったんです。この地獄のような世の中を作りだしたのは、何も声を上げず、何も動かず生きてきた自分自身じゃないかと。世の中を壊すことに沈黙と無関心で加担した自分への怒り。これを第二の出発点として永田町へと続き、間を端折《はしょ》って、現在、誰も切り捨てない社会を作るための最低限のプラットフォーム、国政政党を手に入れたということです。

私が困ったときに助けてくれる国であってほしい

原発事故からスタートして、さまざまな形で切り捨てられた人たちからの情報が入ってきて、つながることができた。一方、その事故を起こした3人の東電の役員は全員無罪になり、関西電力の幹部は事故後も原発マネー3億2000万円の金品を受け取っていた。絶望が相変わらず増えていくなかで政治家としての希望は少し見えているのだろうか。

山本　そうですね。だって最初の選挙のときには東京で1議席しか取れなかった。それが今回の参議院選、全国だったからという部分もありますけれども、3ヵ月で政党にまでなれたわけだから。「これまであまり政治について考えてこなかったんだけど、あなたの国会での質問を見て」とか、「今日、街頭で演説を聞いて」とか言ってくださる方が、どこに行ってもいらっしゃるんです。初めての土地でもマイクを握って話すと、「これからは自分なりに知っていこうと思います」というような言葉をいただけるのは希望が増えているということですから。言い換えれば、政治の実態が知らされていないだけ、知る暇がないだけなんです。そういう人たちとつながりができるなら、社会を変えられると思っている。とてもじゃないけど、これ絶対無理と思ったら政治の世界から、たぶん私はいなくなると思うんです。自分の中では全然絶望していない。社会を変えたいって人々が増えてきてますから。どちらかというと、やれそうな気がするんです。これ、壮大な勘違いかもしれないですけど（笑）。

知ってもらうために街頭に立ち、対話を重ねる。そこにはむき出しのヤジや罵声も飛んでくる。「議員辞めろ」には「そんなあなたも守りたい」、「クソ左翼死ね」には「お言葉頂戴しました」と返す。ときには議論以前のアンチに対しても排除せず、徹底的に胸襟《きょうきん》を開くのはなぜなのか。

山本　私自身は、自分で左翼だとか、思ったことは一回もないんです。自分自身でカテゴライズしない。困窮している人を救うことが大切で、究極はそんなことどうでもいいんです。右だから、左だからで整理することさえも、もういい。右だ左だということを重要視する人は、自分の理解を超えた存在に対して、カテゴライズして、ラベリングして安心したいのかもしれません。今、体の調子が悪いのってなんでなんだろうという不安と一緒で、なんでもいいから病名を付けたら安心する。山本太郎という病に対して、何か名前が欲しい。そういった感情も、社会が生み出した病理ですよね。自分と異なる者とは一瞬でも交われない、ってヤバくないですか？　だから社会は壊れていっているのかもしれない。そのなかで、たまたま街宣のときに絡んできてくれるんだったら、その先を続けたいと思うんです。一方的なヤジじゃなくて、その先のやりとりを。マイクを握って、コミュニケーションを取るということに対して恐怖感があるから、ただのヤジって終わって「やってやった！」と満足して去っていくのかもしれないけど、それは自分自身を傷つけて、自分に毒が回るだけの話なんだよということです。私は牛歩のときもそうですが、そういうヤジや罵声を受けたときに、自分が攻撃的にならないように感情が高まらないようにはしてますが、そういった場面で心から思うことは、そんな感情を爆発させる、あなたの本当の声を聞かせてほしいと考えています。

票にもカネにもならないことを、ほかの国会議員はやらない。でも山本代表がやるのはどうしてか。

山本　例えばホームレス問題です。世間知らずで何も知らなかった私に現実を教えてくれた当事者や支援者がいたから、じゃあ次は逆に、私が中学生でもわかる言葉で、この問題を知らない永田町のおじさんおばさんにレクチャーする機会を持とうということで何度も国会質問するわけです。家がない、住民票もないから、選挙の葉書も届かない。票なんかない。で、目障りだとオリンピックを前に住んでいた公園を追い出される。その先、福祉とつながったってプライバシーなどほぼない、ベニヤ板で仕切られた2畳程度の部屋に入れられて施設の中では暴力があったり、人間関係に疲れて、もう福祉はごめんだと、路上に出て生活を始めたという何人もの当事者に話を聞いたことがあります。これ制度の問題なんじゃないの、ということです。対して、国会議員の多くは理解しようとしませんね。「部屋まであって、弁当まで出るのに、どこまで贅沢いうんだ」みたいなリアクションを政治家がするんですよ。そういう問題じゃないだろう、と。その場所にあなたは住めますか。どんな状態であっても人間の尊厳が守れるような最低限の環境を提供するのが福祉でなくてどうする、って話なのに。山本太郎だって、どうなるかわからない。自分がどんな立場になるかなんて、誰も約束されていないし、私だって自信がない。10年後、路上生活をしてるかもしれないし、明日、事故に遭って、障害を負うことだってあるわけです。だから自分が一番困ったときに、真っ先に手を差し伸べてくれる社会であってほしいし、そのような仕組みを整備できる政治を作らなきゃってことなんです。つまりは、自分のためです。でも、ひいては、すべての人のためにもなりますよね。だからやっているんです。

ベストスピーチ 2

難病ALS当事者、参議院議員

舩後靖彦

FUNAGO
YASUHIKO

1957年生まれ、岐阜県出身。難病ALS当事者。全身麻痺ギタリスト。株式会社アース副社長。41歳の夏に突如、ハシ、歯ブラシ、ペンがうまく握れなくなる。翌年5月にALSの告知を受ける。2019年7月の参院選で、れいわ新選組から比例区の特定枠で出馬し、当選。

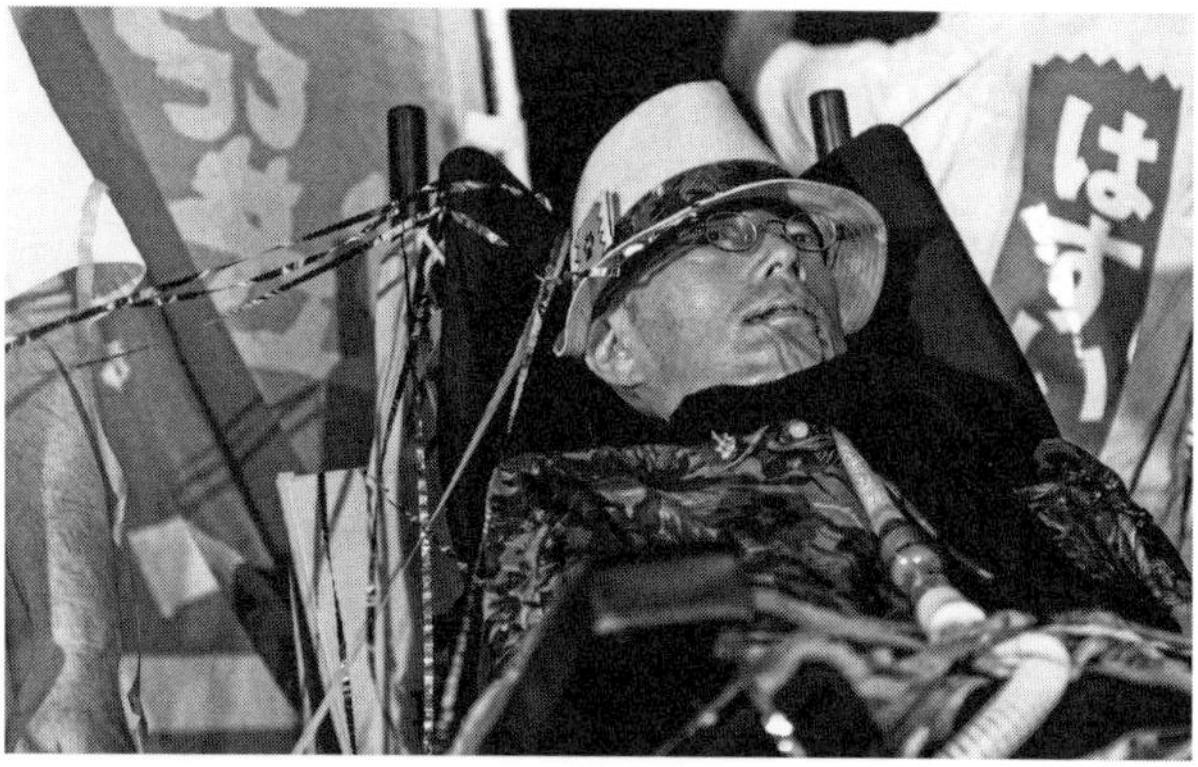
はす

「全難病患者・障害者が幸せな社会は、みんなが生きやすい社会です」

2019年7月20日

東京・新宿駅西口

「新宿センキョ」

QRコードを
読み込むと、
スピーチの動画を
見られます!!
1:40:41～

目で語る、
全身麻痺ギタリスト。
寝たきり界の
トップランナー

舩後靖彦です。

僕は今回の出馬に、文字どおり、命をかけています。僕がなぜ立候補しようと思ったのか。それは、僕と同じ苦しみを障害者の仲間にさせたくないからです。

国会の皆さんは、現場に通用しない穴ぼこだらけの法律があることを知りません。そのひとつが、建築基準法です。建築基準法には、国民の生命・健康・財産のためと謳《うた》われています。それを作った議員さんたち。僕が国会に入ったら、僕を無視せず、僕の介助をお願いします。それが、立法者の役目でしょう。そうではないですか？　聞きに来てくださっている親友の皆さん。

現場感覚の本当の意味の法律の必要性を理解してもらいたい。障害者が今まで我慢させられてきた、あてがわれてきた法律からはおさらばです。もっと障害者が自由になれるために。国会議員の皆さんも親友の皆さんも、いずれ年を取り、障害者になります。僕たちが関わり作る制度が本物になるように。皆さん力をお貸しください。

車椅子の皆さんは、ユニバーサルデザインだといって、デザイン性を重視した点字ブロックにタイヤを取られ、横倒しになりそうになったことはありませんか？

僕はあります。

車椅子はエレベーターにと言われ、大型の車椅子が入れなかったことはありませんか？

僕はあります。

障害者用のトイレに入って、戸が閉められないことはありませんか？

僕はあります。

仲間とレストランに入って、一緒にテーブルにつけたことありますか？

僕はありません。

ちょっと考えただけでも、穴ぼこだらけです。こんな簡単なことがわからないのです。誰がこんな不完全なものにOKを出すんでしょうか？　国の基準とやらではないのでしょうか？　この建築基準法が、時には悲劇を生んでいることを知ってください。僕がデザインを重視した点字ブロックにタイヤを取られ横倒しになれば、呼吸器が外れ、死んでしまいます。

ALS（＊1）になってから、僕はいわれのない虐待に苦しんでもきました。ある地方都市の施設に入居していたときのことです。食事が口からとれないため、僕は胃ろうという穴をお腹に開け、経腸《けいちょう》栄養剤を処方されていました。保険請求できるものです。

しかし、突然「法律が変わった」と言われ、月に5万円ほどの自己負担で栄養剤を購入させられました。結果的に身体に合わず、15ヵ月間もの間、下痢が続き、栄養失調になり、全身がむくみました。強いめまいも起こしました。本来、保険で処方できるものを自費で購入させられ、しかも身体《からだ》に合わないものを15ヵ月間もの間、注入され続けたのです。

週に3回あった入浴も、2回に減らされました。入居者全員が2回に減らされたとその

（＊1）筋萎縮性側索硬化症。筋肉を動かし、運動をつかさどる神経（運動ニューロン）が障害を起こし、手足、のど、舌の筋肉や呼吸に必要な筋肉が痩せて力がなくなっていく病気。1年間で新たにこの病気にかかる人は人口10万人当たり約1人から2.5人とされ、有効な治療法は確立されていない。

施設の職員から聞かされていたのですが、減らされたのは僕だけでした。手間がかかるというのがその理由でした。また、看護課長から口を聞いてもらえぬ日々が続いたこともありました。何が原因かわからないまま挨拶もしてもらえない日々は辛《つら》いものでした。

僕は大学で講義するために外出することがあったのですが、施設の帰宅時間は15時と決められており、それ以降は施設に帰ることを認められず、ホテルに泊まらなくてはいけないこともありました。そのため、講義自体を断ったこともありました。それだけでなく、施設からは病気が進行し、意思疎通ができなくなったら退去するように言われました。

こんな施設に入居していられないと思い、ひとり暮らしを決断しました。そのため、障害者自立支援法の障害福祉サービスの申請を行ないました。障害者がひとり暮らしをするにあたってヘルパーを派遣してもらうためのものです。しかし、市役所からは「すぐには出ませんよ。3ヵ月くらいかかります」と言われました。皆さん、おかしいと思いませんか？　一般的に、人工呼吸器をつけた人が3ヵ月間、自費でヘルパーをお願いすることができると思うでしょうか？

そもそも、自立支援とは、障害者が自立した生活を送るための制度です。施設を出て、ひとり暮らしを始めた時点で適用されなければ生活していけません。この制度を巡って、障害福祉サービスの利用時間を確保するために裁判を起こしているケースも多々あります。でも、裁判を起こさないと獲得できないなんてことはあってはいけないことだと思います。

結局僕は、180万円を自費で払いました。障害者自立支援法とは、障害者の日常生活および社会的に自立を目指す法律のはずです。もし、僕が当選したら、今利用している障害福祉サービスは受けられなくなってしまいます。なぜなら、自立支援法といいながら、職場にヘルパーがついていくことは禁じられているからです。障害者は働くなということでしょうか？　この部分は、絶対に変えなくてはなりません。

障害者が仕事を持つことこそ、自立支援だと思います。それなのに、歩けない人のお手伝いがなぜ法律で禁じられているのか。全身麻痺でも働ける障害者はいます。能力があっても国の法律で制限されてよいのでしょうか。小手先だけの制度を見直したいです。

僕は今、介護関連会社アースの経営陣に参加しています。そこで驚いたのは、介護、福祉の制度がちょこちょこ変わること、そしてケアマネージャーの書類仕事の多さです。本来、利用者の声を聞き、必要なサポートをする人たちがペーパーに追われている。この実態に、制度改革の必要性を強く感じます。

今、ヘルパーの人材不足は、どこも逼迫《ひっぱく》しています。弊社も言うまでもありません。介護職は、3Kと言われます。きつい、汚い、危険。そして基本給が安い。そんな声が上がったことから、国は処遇改善交付金をばら撒きました。

しかし、そんなことで介護離れに歯止めをかけることはできません。今年から導入された働き方改革も同じです。正社員の有給取得を義務づけ、一方でダブルワーク推奨。どこで休みが取れるのですか。有給を使って介護職にほかの仕事をさせ、その穴を派遣会社が埋める。最近は、介護職の紹介会社が派遣職員を推奨する傾向になってきていることを皆さんは知っていますか。このシステムは、誰かが得をするように仕向けられているように感じます。

企業は、有給取得を義務づけられたことで、常勤職員の雇用をやめるのではないですか。もちろん、ヘルパーも同じです。これでは、いつまでたってもきつさは解消されないんです。このきつさを解消しなければ、障害者や高齢者はいつまでたっても虐待から解放されません。これまでの経験を生かして、介護職の待遇を改善していきます。

そして僕は当選したら、小学校、中学校、高校、大学での、生産性を重んじない、命の大切さの教育導入を約束したい。僕は5年前にも、千葉・松戸の市議選に立候補しました。そのときのスローガンを今回も掲げたいと思います。

「強みは、障害者。だから気づけることがある」

僕が議員になったら、全難病患者・障害者を幸せにするために働きます。全難病患者・障害者が幸せな社会は、みんなが生きやすい社会です。

人の価値が生産性ではかられない社会を目指します。みなさん、力をお貸しください。

インタビュー２

「無力な自分でも、フロントランナーであればお役に立てるかもしれないと思いました」

難病ALS当事者
参議院議員

舩後靖彦

取材・構成
雨宮処凛

タバコをくわえながらギターを
弾く22歳のときの舩後氏。

「生きたい」という気持ちが渦巻いていた

党首落ち　当選の嬉々なかりけり　議員なれたは太郎の力
晩年の麻痺の身体つかうこと　党の隆盛なることと決め
二院制　衆参二つ　優越は　衆議院なり人送り込め!!!

2019年7月21日、世界初、人類初の、人工呼吸器装着、言葉を発せないことに加えて全身麻痺の国会議員が誕生した。冒頭の短歌は、当選を果たした舩後氏が選挙の後に書いたものである。れいわ新選組・特定枠1位。すでに当選が約束されたような優先枠での出馬ということは、重い障害がありながら議員活動をする覚悟を決めての立候補だ。なぜ、命がけの出馬を決意できたのか。そして議員となった舩後氏は今後どのようなことを成し遂げたいのか。メールインタビューを基に構成した。

舩後氏が身体の異変を感じたのは1999年、41歳の夏だった。商社マンとしてバリバリ働いていた頃で、妻と11歳になる娘と千葉で暮らしていた。最初に感じた異変は、娘との腕相撲に負けたこと。そこからペットボトルのふたを開けられなくなるまでに、そう時間はかからなかった。その年の末には舌がもつれ、ろれつが回らなくなっていた。

翌年、診断されたのが「ALS」という聞いたことのない病名。医師は舩後氏に言った。

「体中の筋肉が、徐々に弱っていく神経の病気です。原因がわからず、有効な治療法もまだ確立していません。いわゆる『難病』です。四肢麻痺、つまり手足が麻痺し、やがて動けなくなります。舌も動かなくなり、しゃべることも、食べることもできなくなります。症状の進み方はさまざまですが、いずれ全身麻痺になることは、免《まぬか》れません。自力での呼吸もできなくなります。個人差はありますが、平均3年から4年で絶命します。死因は、呼吸筋の麻痺による呼吸不全です。しかし、呼吸器を装着して延命する道があります。選択は、患者さんの自由です」

ALSの特徴は、頭ははっきりしているのに身体が動かなくなっていくこと。現在、日本には約9600人の患者がいる。

2001年、44歳のとき、呼吸筋が衰えてきた舩後氏は気管を切開。声を失う。02年には飲み込むこともできなくなり、口から食べられなくなる。流動食を胃に流し込む「胃ろう」を勧められたが、頑なに拒んだという。

この頃のことを詠んだ短歌がある。

この病　舌が麻痺して飯食えず　放っておけば　餓死もありえて
チューブから栄養摂取サイボーグ　我は人なり手術を拒む

結局、舩後氏は餓死寸前のところで胃ろうの手術を受けた。同時にこの頃、ある選択を迫られていた。酸欠状態に陥っていたのだ。酸欠で死ぬか、呼吸器をつけるか。「呼吸器はつけない」と決めていたものの、その決心は揺らぎ始める。きっかけは、医師に頼まれて始めたピアサポートだった。ピアサポートとは、同じ症状や悩みを持つ仲間同士の助け合いのこと。「新しくALSの告知を受けた人にアドバイスをしてほしい」。舩後氏はそう医師に頼まれたのだ。

この頃、舩後氏は障害者のために開発されたコンピューター「伝《でん》の心《しん》」を使って文章が書けるようになっていた。指や額《ひたい》の皺《しわ》などの動きを拾い上げるセンサーを使って文章を打ち、メールをやりとりしたり、それを自動音声にして読み上げることもできるようになっていたのだ。告知を受けたばかりの患者に「伝の心」を使って話をし、同じ病気や麻痺に苦しむ人々と電子メールを交わす日々。ピアサポートという生きがいを得た舩後氏は、呼吸器を装着して生きる道を選択した。２００２年８月のことだ。

この頃の葛藤を詠んだ短歌だ。

寝たきりの我にいとしき妻と子を　守る術なし　逝くことが愛
指一つ動かぬ我に生きる意味　ありと覚悟を決めし日の空

呼吸器をつける前の舩後氏は、「家族のために死ぬんだ」と考えていたそうだ。が、心の奥底には「生きたい」という気持ちが渦巻いていた。娘の花嫁姿が見たい。妻とともに年老いたい。親より早く死にたくない。抑え込んでいたその思いは、ピアサポートという生きがいを得、社会の中での居場所を見つけたとき、火山のように爆発した。入院中だけでも、40名もの患者と直接会い、コンピューターを通じて話をした。

活動はそれだけにとどまらない。2002年にはメルボルンで開催された「ALS/MND国際会議」に参加。翌03年にも、ミラノで開催された同会議に参加。ALSを発症し、人工呼吸器をつけていても飛行機に乗り、海外で国際会議に参加できることを世界に知らしめた。また、歯で噛むことでコンピューターを操り、年10回以上、看護学部・福祉学部のある大学を中心に講義をし、社会福祉界の専門誌「福祉新聞」でコラムも連載。「全身麻痺ギタリスト」として音楽活動も始めた。こちらも歯で噛むセンサーを使ってギターを弾くのだ。

出馬前は、自宅介護を受けながら、福祉企業アースの取締役副社長をしていた（2019年9月からは顧問）。この会社の介護施設では、末期がんや難病患者、重度障害者を受け入れている。舩後氏の視点を入れることでより良い介護ができると、社長である佐塚みさ子氏から抜擢《ばってき》されての就任だった。ちなみに佐塚氏は、いつも舩後氏の車椅子を押している女性である。よく妻と勘違いする人がいるが、彼女はもともと舩後氏の上司。上司がいつも車椅子を押しているのだ。

「太郎さんの力とアイデアのおかげ」

そんな舩後氏の存在を山本太郎代表が知ったのは2019年6月半ば。日本ALS協会前理事で、母親がALSに罹患《りかん》し、長らく介護をしてきた川口有美子氏と、ある会合で同席したときだった。もともと山本代表の頭には、難病や障害の当事者に出馬してもらいたいという思いがあった。川口氏との話の流れで、5年前、千葉・松戸市議選に立候補したALS患者がいることを知った山本代表は、さっそくその患者とつないでもらう。それが舩後氏だった。

山本代表が初めて舩後氏の自宅を訪れたのは、6月24日。呼吸器をつけてベッドに横たわる舩後氏に、山本代表は率直に言った。「国会で一緒に戦いませんか？」「立候補、考えてくれませんか？」。そのとき、舩後氏はどう思ったのだろう？

舩後　川口さんから『立候補を勧められるかもしれない』と聞いていましたので、『来たー!!!』と思いました。いささかの衝撃をもって（笑）。

もともと、芸能界時代から山本太郎の存在は知っており、「心が熱いイケメンというイメージでした」と舩後氏は言う。しかし、いくら相手はテレビで見ていたといっても、初対面で「出馬しないか」など非常識にもほどがある。その上、舩後氏は、24時間介護が必要な身だ。が、2日後、山本代表のもとには舩後氏に代わって佐塚氏から「出ます」と電話がかかってきた。なぜ、命がけの決断ができたのだろう？

舩後　その年の6月初め頃、なぜ私がALSを発症したのか、それにはいったいどんな使命があるのか考えていました。そして考えついたのは、「障害者が幸せになるための活動をする」ということでした。そうしたところ、当初は私の出馬に反対だった佐塚さんが、どなたかのアドバイスを聞き入れ、ありがたいことに協力を申し出てくれました。

立候補の決め手となった山本太郎からの言葉はあったのだろうか？

舩後　お会いした翌日にいただいたメールには、「難病当事者として、生きることの輝かしさを実践するフロントランナーとして、壊れゆくこの国を救うおひとりとして、お力をお貸しくださいませんか？」とありました。無力な自分でも、フロントランナーであればお役に立てるかもしれない、と思いました。

立候補にあたり、打ち合わせが始まった。この過程で山本代表やスタッフは、メールであれば舩後氏とのコミュニケーションにはまったく問題ないことを学んでいく。選挙ポスターの話題になり、

5年前の市議選の写真はどうかという話になった際、舩後氏は当時と現在との毛髪量の違いをネタにみんなを笑わせた。話すことができない舩後氏の人柄を、山本代表やスタッフたちはメールのやりとりで知っていった。また障害は、テクノロジーによって時に乗り越えられるということも。

そうして7月3日、出馬記者会見。翌日から怒濤《どとう》の選挙が始まった。街宣の最前列には、いつも車椅子がずらりと並んだ。その数は、日を重ねるにつれどんどん増えていった。また、多くの障害者が舩後氏のスピーチに駆けつけてくれた。7月13日の渋谷では、ALS患者・岡部宏生さんが介助者の代読でスピーチしてくれた。7月19日、新橋SL広場の「れいわ祭2」では、ALSの橋本操さんらが来てくれた。選挙最終日の7月20日には、筋ジストロフィーの小田政利さん、梶山紘平さん、脊髄性筋萎縮症の海老原宏美さんが応援に来てくれた。ちなみに3人とも車椅子ユーザー、呼吸器ユーザーでありながら、3人ともがひとり暮らしをしている。その事実を告げられた聴衆は、心から驚いた顔をした。

このように、舩後氏、同じ特定枠の木村英子氏という重度障害者の出馬によって、多くの障害者たちがスピーチの場を得、自らの声を届けたのがこの選挙だった。「障害者の世界が、こんなに豊かで多様だなんて知らなかった」。選挙中、多くの人から聞いた言葉だ。

「僕には能力がありません。学歴も職歴もありません。では何をやってきたか。不平等な社会で、34年間、死に物狂いで生きてきました」。筋ジストロフィーの梶山さんがスピーチすると、大きな拍手が起きた。脊髄性筋萎縮症の海老原さんは、障害者が運動を重ねて地域生活を勝ち取ってきたことを話した。

「私たちは、ただ口を開けて、手をこまねいて地域生活の権利が与えられることを待っていたわけではありません。自分たちの姿を社会にさらし、人目にさらし、時には社会から大きな批判を受けながら、地域生活の権利や、命の権利を勝ち取ってきたんです。なぜ私たちがそれだけ頑張れたのか。命を縮めながら、障害の重度化を起こしながら、なぜこんなに頑張ってきているのか。それは、なんの役にも立たない、生産性がないと言われているような私たち重度障害者が安心して生きていける社会というのは、すべての人にとって安心し生きていける社会だということを、私たちが一番よく知っているからです」。

多くの障害者が街宣に駆けつけ、応援スピーチしてくれたことを、舩後氏はどう思っていたのだろう。

舩後　心からの感動シーンでした。特にスピーチをしてくださった方々、駆けつけてくださった方々には、お礼の言葉もありません。ただただ感謝申し上げるばかりです。

そうして投開票日の7月21日。開票が始まってすぐ、舩後氏の当選が確定した。れいわ新選組の支持者が開票を見守る都市センターホテルの会見場に、舩後氏は割れんばかりの拍手の中、登場した。当選した瞬間の思いはどのようなものだったろう。

舩後　「やったー!!」との思いが一瞬脳裏をよぎりましたが、瞬間にして「当選できたのは太郎さんの力とアイデアのおかげ」という思いに至り、そんな傲慢《ごうまん》な思いは捨て去りました。記者会見で、「れいわ新選組がここまで支持を受けた理由は?」と聞かれ、「山本代表の魅力!!!」と答えたことは明瞭に記憶しています。

そうして舩後氏、木村氏は当選。山本太郎は99万票を得ながら、過去最多の票を獲得した落選議員という伝説を作った。

バリアフリー化だけではどうにもならない

ふたりの重度障害者議員の誕生は、国会を急ピッチで変えていった。スロープが設置され、車椅子でも入れるように議席が改修されるなど「国会バリアフリー化」が音を立てて進んだのだ。が、ハード面のバリアフリー化だけではどうにもならない問題も発覚した。例えば、本会議場で投票する場合は階段を上らなければならず、採決の際には押しボタンを押さなければならない。起立採決や挙手での採決、また議長選挙では推薦する人の名前を書かなければならない。が、舩後氏も木村氏もそのすべてができないのだ。意思表示をどう確保するかも問題となり、介助者による代理投票などが認められた。

さらに大きな問題が発覚したのは、初登院の8月1日を数日後に控えた頃。舩後氏も木村氏も「重度訪問介護」というサービスを利用しているのだが、この制度には「通勤中」や「仕事中」はサービスを受けられないというルールがあり、現行制度のままでは「国会に登院することさえできない」と訴えたのだ。

舩後氏は選挙中のスピーチで、「もし、僕が当選したら、今利用している障害福祉サービスは受けられなくなってしまいます」と述べているが、それこそが重度訪問介護だったのである。「障害者は働くな」というような制度の穴は、ふたりが問題提起したことによって連日メディアで報道された。一部には「自費でヘルパーを雇えば」という声もあったが、そうしてしまったら「悪しき前例」となり、障害者が働く壁となり続けてしまう。自費でヘルパーを雇える大金持ちの障害者しか働けなくなってしまう。そうして参議院、厚労省と交渉した結果、ふたりの介護費は当面参議院が負担することとなった。両議員は、「当面」ではなくきちんと制度化された形で公費でのサービスを受けられることを要望している。もちろん自分たちだけではなく、すべての障害者が、だ。

このように、ふたりの議員は初登院を前に大仕事を成し遂げた。また、2019年夏に関東地方を襲った台風15号について、9月18日には舩後氏、木村氏、そして代表の山本太郎の連名で、内閣府と防衛省に「要望書（台風15号による家屋の屋根瓦の被害支援について）」を提出。臨時国会を前にすでに積極的な活動を行なった。

舩後氏に、今後6年間の抱負を聞いてみると、実に具体的な政策を挙げてくれた。

舩後 私が党に提出した「政策提案」は、以下の6つになります。

1 いかなる障害があっても、重篤な病気であっても、誰もが尊厳と生きがいを持って自分の人生をまっとうできる社会作り。

2 すべての障害者がより利用しやすい介助制度の構築、必要な医療を受けられる体制の整備。

3 共生社会構築の基礎であるインクルーシブ教育・保育の実現（＊インクルーシブとは、「包括的」という意味。インクルーシブ教育とは、障害がある子どももない子どもも共に学ぶこと）。

4 就学前の障害児、特に医療的ケアの必要な障害児とその家族が地域で暮らし続けるための社会資源の充実。医療と福祉のネットワーク作り。

5 重い障害があっても、医療的ケアが必要な人も、安心して自立生活ができるインクルーシブな地域社会作り。

6 災害時における障害者・高齢者等「要支援者」を置き去りにしない、インクルーシブ防災の推進。

最後に紹介したいのは、「OriHime」のことだ。

「OriHime」とは、小さなロボットにカメラ、マイク、スピーカーが搭載されていて、インターネットで操作ができる分身ロボット。ＡＬＳで全身麻痺の人が自宅にいながらにして「OriHime」で

友人の結婚式に出席したり、会議に参加したりできる。本人には会場にいる分身ロボットの目線からの映像が届けられ、その場にいる感覚を味わえる。当然、そこにいる人たちと会話もできる。話すことができなくても、パソコンで文字を打ち込めば、ロボットが話してくれる。挙手をはじめ、いろんな動作ができる。国会でこの「OriHime」の導入が認められれば、将来的には船後氏は自宅にいながら分身ロボットで代表質問、なんてこともあるかもしれない。実際、ＡＬＳの人の中には「OriHime」を出社させ、働き、給料を得ている人もいるのだ。ちなみにこの「OriHime」、船後氏は選挙中に導入し、今はかなり使いこなせるようになっている。

生きることそのものが「前人未到の戦い」である船後氏のスローガンは、「肉体の動きは止まった！　だが人間の可能性はNO LIMIT（限界はない）！　やれることはある」だ。船後事務所には、すでに有能な秘書が続々と集まっている。任期は２０２５年まで。その頃、この国が今より障害者が生きやすい社会になっているか、私たちひとりひとりが問われている。

参考文献：『しあわせの王様　全身麻痺のＡＬＳを生きる舩後靖彦の挑戦』増補新装版（舩後靖彦・寮美千子／ロクリン社）

インタビュー 2　舩後靖彦

ベストスピーチ 3

重度障害者、参議院議員

木村英子

KIMURA EIKO

1965年生まれ、神奈川県出身。生後8ヵ月のときに歩行器ごと玄関から落ちて障害を負う。84年、神奈川県立平塚養護学校高等部卒業。地域で自立生活を始める。94年、「自立ステーションつばさ」設立。2019年7月の参院選で、れいわ新選組から比例区特定枠で出馬し、当選。

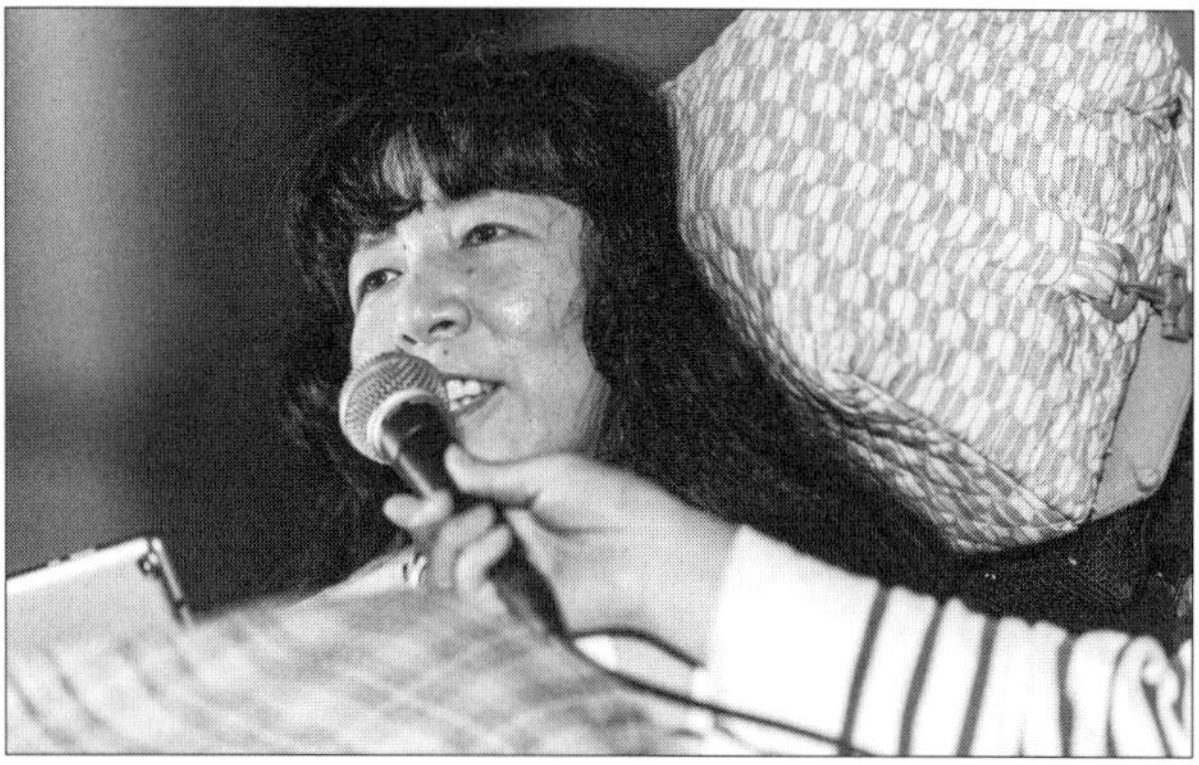

「障害児と健常児を分ける教育は、差別を簡単に生み出します」

2019年 7月12日

東京・品川駅港南口

「れいわ祭」

QRコードを読み込むと、スピーチの動画を見られます!!
2:07:43〜

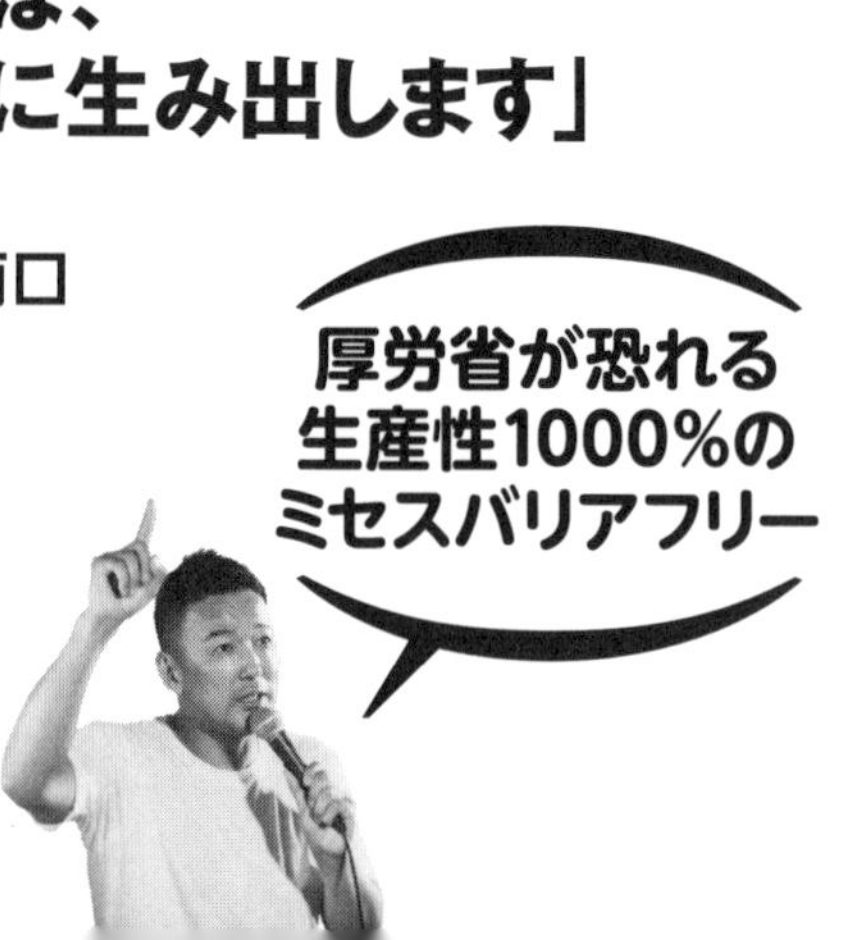
厚労省が恐れる
生産性1000%の
ミセスバリアフリー

皆さん、初めまして。木村英子です。本当だったら、今頃、私は施設の中にいるはずでした。なぜなら、生活のすべてに介護が必要な重度障害者は、親が介護できなくなれば、施設しか行き場がありません。

私は生後8ヵ月の頃、障害を負って、物心ついたときから施設と養護学校で育ちました。皆さんは施設の実態を知っていますか？

施設では、起床から始まり、トイレや食事、入浴など、すべてが時間で決められており、外出もできず、時には職員からのいやがらせや虐待も受けます。健常者の人が当たり前に持っている自由が、施設ではすべて奪われてしまうのです。そして、一度施設に入ってしまったら、地域へ出ることは容易ではありません。

私の友人の多くは、みんな、今も施設にいます。死ぬまで外へ出ることができない人たちが、ほとんどです。私も例外ではなく、養護学校を卒業したら、施設に入れられるはずでした。19歳のとき、親や教師の反対を押し切って地域へ出てこなかったら、私はここで、皆さんの前で、話すことはなかったでしょう。

もし、もし、私が国会議員になったら、やりたいことがふたつあります。ひとつは介護保険と障害福祉の統合の反対です。障害福祉と介護保険を統合しようとしている国の流れの中で、地域で暮らしている障害者の生活は、今、壊されようとしています。

皆さんは介護保険を知っていますか？　介護保険は私たち重度障害者のために作られた

制度ではありません。私たち重度障害者に必要な制度は、きちんと衣食住が保障され、生きがいを持って生きていける人権と権利が保障される制度です。

しかし、今の現状は、ひとり暮らしの障害者が65歳になった途端に、障害福祉が切られ、介護保険に組み込まれて、介護時間を減らされて、外出もできなくなり、お風呂にも入れない仲間がいます。自分でベッドに移れず、ずっと座椅子の上で寝ることしかできなくて、褥瘡《じょくそう》（＊1）ができ、食事も1日1回しか食べられない、そんな悲惨な状況の人もいます。介護保険の実態は、重度障害者に対して、1回の派遣時間がたった30分とか、多くても1時間前後。それでどうやって生きていけっていうのでしょうか？

介護者がいなければ生きていけない重度障害者は、すべてを我慢しろというのでしょうか？　私は施設でずっと我慢をさせられてきました。私はもう我慢することはできません。今のままでは、せっかく命がけで地域へ出てきたのに、介護保険と障害福祉の統合によって、私たちは施設に戻されてしまいます。私は絶対に施設に戻りたくありません。だから、命がけで、今、ここに立っています。障害者が当たり前に地域で生きられるために、介護保険と障害福祉の統合を反対していきたいと思っています。

ふたつめは、「インクルーシブ教育」の実現です。それは障害児と健常児を分けないで、同じ場所で学び合う教育です。

私は、18歳まで養護学校で育ち、外の世界をまったく知りませんでした。養護学校では

（＊1）寝たきりなどによって、体重で圧迫されている場所の血流が悪くなったり滞ることで、皮膚の一部が赤い色みをおびたり、ただれたり、傷ができてしまうこと。一般的に「床ずれ」ともいわれる。

まったくといっていいほど、地域のことは教えられてきませんでした。同い年の健常者の友達ができたのは、19歳の、地域に出てきてからです。初めて私が外に出たとき、外の広さや人の多さに驚かされました。私は、電車の切符の買い方も知らなかったし、車道と歩道の区別もわかりませんでした。それ以上に、障害のある私をジロジロ見る周りの目に耐えられずに、当時の私は顔を上げることができませんでした。地域のことを何も知らない自分に愕然《がくぜん》とし、同時に重度障害者が、地域で生きていく環境が、何も整っていないこの社会に怒りを覚えました。そんな私がこの社会に慣れていくのに、35年もかかりました。その分けられてきた弊害に今も生きにくく、苦しんでいます。

現在、文科省は、障害児とその家族が望むなら、普通学校に行くことは自由だといっています。しかし実際には、普通学校にはバリアフリーが整っていないという理由と、専門家の職員がいないという理由で、特別支援学校に入らざるを得ない子どもたちがたくさんいます。障害児と健常児を分ける教育は、子どもたちの支え合う関係を断ち切り、差別を簡単に生み出します。そして支え合う心が育たず、虚しさが蔓延し、とても冷たい社会になってきています。障害者を知らなくて育った人が、大人になって、どう接したらいいのかわからず、お互いの関係が作りにくくされている。そんな現状の中で今、介護の職場の人手不足が深刻です。

やまゆり園の障害者殺傷事件（＊2）の犯人が言ったように「障害者は生きる価値がな

（＊2）相模原障害者施設殺傷事件。2016年7月26日、神奈川県相模原市緑区にある知的障害者福祉施設「津久井やまゆり園」に元施設職員の植松聖被告が侵入し、所持していた刃物で入所者19人を刺殺。入所者と職員合わせて26人に重軽傷を負わせた。

い」という、とんでもない考え方を持ってしまう、こんな現状を根本から変えるためには、共に学び合えるインクルーシブ教育が、私は大切だと考えています。

介護保険と障害福祉の統合の反対と、インクルーシブ教育の実現。このふたつを私は国会に提案していきたいと思っています。これから私たち重度障害者が、皆さんと同じように、地域で当たり前に生きていく社会を作っていきたいと思います。皆さん、ありがとうございました。

インタビュー3

重度障害者
参議院議員

木村英子

取材・構成
雨宮処凛

「地域で運動することも、国政に出ることも。そこで命が終わってしまっても、それが自分の人生」

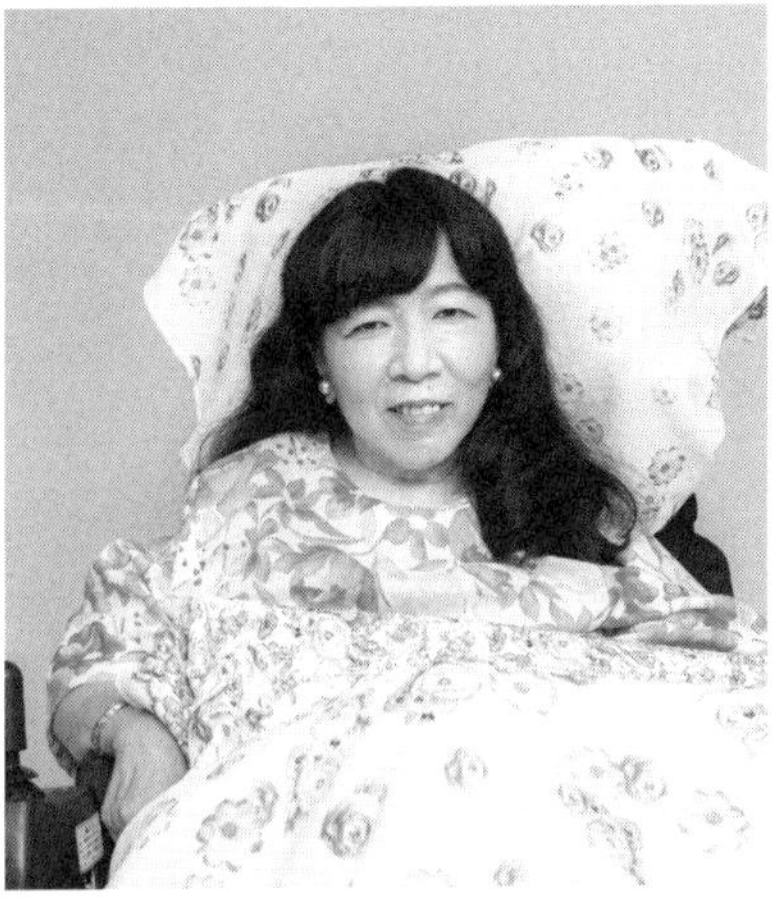

木村氏18歳。
初めてひとりで
利用した交通機関。

施設ではなく、地域で暮らしたい

「『当事者抜きに、当事者のことを決めるな』。その当事者といえる方を紹介したいと思います」

山本太郎代表のその言葉のあと、パーテーションが外された。現れたのは、電動車椅子に乗った女性。その女性こそが、れいわ新選組・公認候補4人目の木村英子氏だった。6月28日、出馬会見。特定枠2位での出馬となり、7月22日午前2時40分、当選。

「私が出ることで、太郎さんが『障害者を利用してる』と叩かれないだろうか」。木村氏には当初、そんな不安があったという。出馬会見の最後、山本代表はそのことに触れ、言った。「上等です。障害者を利用して障害者施策を変えていこう」。施設を出て、35年。文字通り命がけで「障害者が地域で暮らす」という道なき道を切り開いてきた木村氏に話を聞いた。

木村　1歳半頃から18歳まで施設で暮らしました。途中、家に戻った時期もありましたが、施設での生活のほうが長いです。施設にいたとき、2回手術を受けました。膝を伸ばす手術です。その前は松葉杖で歩くことができたんですが、手術するたびに悪くなり、歩けなくなりました。実験のような手術で、友達と隣のベッドで受けました。同時に麻酔をかけられて……。小さいときは痛いことの連続でしたね。小学5年生の頃、「これ以上治らない」と施設を出されました。そのとき、「いずれ電動車椅子の生活になる」と言われて泣きました。

小5で家に帰り、中3までいたんですが、この5年間は施設とは別の苦しさでした。両親と妹ふたりの5人家族だったんですが、うちはとっても貧乏だったんですね。母親は耳があまり聞こえなくて仕事に就けない。父親も、私という障害児を抱えてなかなか仕事が見つからない。私が家に戻ったことで生活が苦しくなって、家族で内職をするようになりました。食べることも難しくて、家庭が崩壊していった。夫婦仲も悪くなり、母親が妹ふたりを連れて家を出ていってしまったことも何度かありました。そうして父とふたりで暮らす中で、心中未遂みたいなものが何度かありました。父がいきなり家の窓枠にガムテープを貼りだして、「何するのかな?」と思ってたらガス栓ひねって「一緒に死のう」って。「ちょっと待って」って止めて。父が海に連れていってくれたときは、私を抱っこして海に入れてくれて、でもどんどんどんどん沖に連れていく。途中で「殺される」と思ってギャーギャー泣いたら断念してくれました。

障害児を抱えてなかなか定職につけなかった父は、私を2トントラックの助手席に乗せて、灯油を売り歩く仕事なんかをしていましたね。父が配達に出ている間、私が家で注文を受け付けたこともあります。私の前にテーブルと電話と食べ物を置いて父が出ていく。でも、誰もいないのでトイレにも行けない。我慢しすぎて身体を壊したこともありました。

転機は、中学卒業を迎えた頃だった。父に「高校は諦めて」と言われていたものの、どうしても学校に行きたかった。そうして寄宿制の養護学校に編入。そんな高校時代、ある人の手記を読んだことが木村氏の人生を大きく変える。手記を書いたのは、20歳年上の三井絹子《きぬこ》さん。重度障害がありながらも施設ではなく地域で暮らし、結婚して出産、子育てをしているという女性だった。手記を読んだときのことを、彼女は『生きている！ 殺すな やまゆり園事件の起きる時代に生きる障害者たち』（山吹書店）という本でこのように書いている。

「その人の存在は私のいる世界からは飛び抜けていて、読み終わった後、出会ったことの嬉しさと羨《うらや》ましさで心がびっくりしすぎて涙があふれた。私の心に光が差した瞬間だった」

施設ではなく、地域で暮らしたい。強烈な思いが木村氏の中に芽生えた。そうして彼女は施設を飛び出す。19歳のときだった。

木村　もちろん、養護学校の教員も親も大反対でした。だから、ほぼ家出みたいな感じで、手動の車椅子で家を出ました。向かったのは、三井絹子さんのところです。そこでしばらくお世話になったんですね。施設を出て最初の頃は電車の乗り方もわからないし、車椅子を自分で漕ぐこともできないから、その辺の人に「すいません、駅まで連れてってください」ってお願いしてました。その時代は、車椅子の人がひとりで電車に乗ることを駅員が「ひとりじゃダメです」って拒否してたんです。１９８０年代半ばのことです。だから電車に乗るときも近くの人をつかまえて「すいません、電車乗せてください」って。

施設を出たときの心境を、彼女は前述した本でこのように書いている。

「19歳で初めて一人で外へ出たとき大勢の人がいるのに驚いた。
19歳で初めて一人で外へ出たとき外の広さに圧倒された。
19歳で初めて一人で街行く人に声をかけた。
19歳で初めて一人で電車やバスに乗った。
19歳で初めて一人で同じ年の健常者に話しかけて友達になった。
私が地域を初めて知ったのは19歳。」

木村　施設にいるとき、健常者の人は憧れの存在というか、ちゃんとした人間というイメージでした。障害があるということは人様に迷惑をかける存在、生まれてきちゃいけない存在って当時は思い込んでましたし、障害者の自分が大嫌いでした。なんで人に迷惑かけてばかりでなんの価値もないのに生まれてきたんだろうって、ずっと自問自答してました。地域に出て自分が何も知らないことに愕然としました。施設でも養護学校でも、地域のことはまったくといっていいほど教えられてこなかったんです。自分の感覚が普通じゃないこと、異常な環境に18年もいたことに改めて愕然としました。私がインクルーシブ教育を訴えるのは自分のそんな経験からでもあるんです。

「当事者が国会に行ったほうがいい」

そうして木村氏は、三井絹子さんから「障害者が地域で暮らすノウハウ」を学び、東京・国立でひとり暮らしを始める。まずやったことは、看護学校にビラを撒きに行くこと。「ひとり暮らしを始めるんですけど、今日の介護人がいないのでお願いできますか?」と学生たちに声をかけるのだ。なんと勇気が必要とされる行動だろう。今でこそ障害者の地域生活を支える制度はあるが、当時は自力でボランティアを見つけないと地域でのひとり暮らしなど到底不可能だった。見知らぬ誰かの善意を信じ、自らの命を投げ出してまで未知の世界にダイブするようなことを、なぜ木村氏はできたのだろうか。

木村　施設と地域、どっちの地獄を選びますかって言われたら、やっぱり地域に出るほうを選びますよね。もう施設の地獄はわかってるから。閉ざされた施設の中で、逆らったら何をされるかわからない。だからずっと我慢しなきゃいけない。でも、それは耐えられなかった。だったら死ぬかもしれないけど飛び出して、自分の幸せをつかみたいって思ったんです。

ボランティアを募り、1ヵ月のローテーションを組んで24時間を埋めていく。ボランティアが見つからないときは、教会に行って「泊めてもらえますか」と頼んだこともある。ボランティアが見つからずに、自分の家に入れず、駅などの野外で寝たこともあるという。車椅子の彼女は、人の手を借りないと自宅に入ることもできないのだ。道端で知らない人に「トイレお願いします」と頼んだこともある。そうして地域に出て5年後、24歳で結婚した。相手は障害者活動のボランティアに来ていた男性だった。共に活動する中で付き合いが始まった。24歳で男の子を出産。息子は今、30歳になるという。障害があっても地域で暮らし、結婚、出産している三井絹子さんの存在を知って数年。「夢みたい」だった生活を木村氏も手に入れたのだ。しかし、子育てなど、障害があるゆえの苦労もあったという。

木村　まぁ、ママ友はできないですね（笑）。例えば夫と私がいると、私に話しかけずに、夫に話しかけるんですよ。あと、うちの息子はすごい暴れん坊だったので、保育園の先生に「ほんとにお母さんの子ですか？」って聞かれたこともありました。息子に障害がなかったから、そう聞かれたんだと思います。

地域で生活しながら、木村氏はずっと障害者運動を続けてきた。出馬時の肩書きは「全国公的介護保障要求者組合・書記長」「全都在宅障害者の保障を考える会・代表」「自立ステーションつばさ・事務局長」。そんな木村氏が山本太郎代表と出会ったのは、2015年頃のことだった。山本代表の支援者たちが集まる「TARO'S NETWORK」の総会に行ったのだ。もともと山本代表のことは「大先輩」の三井絹子さんが応援していたという。その三井さんが行けないというので代理で行った総会だった。それまで、山本代表に関しては「（ドラマの）『新選組！』のイメージしかなかった」という。もちろん、国会議員になった経緯などは知っていたが「情熱的で、タフな人だな」くらいの印象だった。初めて会った日のことを、木村氏はこう話す。

木村　総会で太郎さんのお話を聞かせてもらったんですけど、政策に障害者施策が書かれてなかったんですね。それで「ぜひ障害者施策を加えてください」って言ったら、太郎さんが「この場を借りて、皆さんの前で約束します」って断言してくれたんです。誠実な方だなと思いました。国会議員でそんなにはっきりと「約束します」なんて、なかなか言えることじゃないですよね。

以来、木村氏たちが厚生労働省と障害者施策について交渉する際に山本代表も同席したり、という付き合いが始まった。山本太郎は交渉の場での木村氏を見ていて、的確な質問や鋭い突っ込みに、「ついていきます！」と言いたくなるほどシビれていたという。「ぜひ国会に」と思ったのだろう。出馬の話があったのは6月18日。三井絹子さんに呼び出され、彼女の事務所に行くと山本代表がいた。

木村　出馬の話を突然持ちかけられて、「えっ？」って。2019年初めは入退院を繰り返していて、これからゆっくり休もうと思ってたところだったんですね。そんなときに「出ませんか」って(笑)。ただ、出会ったときから、「障害者施策を改善してください」って頼むと、自分は障害者じゃないから全部はわからないし、当事者が国会に行ったほうがいいってことは言ってましたね。でも私は体力的なこともあるし、社会に出たのも19歳以降で、それなのに国会議員になって国を動かすとか、そんな大それたことができるんだろうかという不安がありました。

ただ、障害者運動が始まったのが1970年代で、その頃から第一線で戦ってきた人たちが次々と亡くなっているんですね。先輩方から教えられてきたのは、自分たちが身体を張って、命がけで行政に現状を伝えていくということなんです。私がずっとやってきた要求者組合にも、「支給量(福祉サービスを利用できる日数や時間数)減らされて困ってます」とか「入院中、介護者の派遣を断られて困っている」「生活保護でプライバシーを無視した調査がされた」とかさまざまな相談が寄せられます。私たちの団体は相談を受けたら、その人の住むところ、それが北海道でも沖縄でもとにかく行って、そこの自治体と交渉するんです。そうやって介護時間を増やしたり、さまざまなことを獲得してきました。三井絹子さんは70代になった今でも車椅子で全国に行っています。そんな先輩の背中を見ながら35年間やってきたので、誰かが国政に出て、重度障害者の実態を国会に伝えていかないとって思いもありました。特に、今は介護保険と障害福祉の統合への動きで制度がどんどん悪くなっている。仲間と同じ思いなので皆に背中を押されました。

同じところで学び合えば偏見や差別はなくなっていく

山本代表から出馬を持ちかけられて1週間。出した答えは「立候補する」だった。

木村　障害者運動はこのまま一生続けますし、だったら国会でお話しをしていくのも変わりないなって。障害者施策に関われるならチャレンジしてみようと思いました。ただ、障害があるので受かるはずがないと思ってました。なので自分たちの思いを知っていただくだけでもいいという気持ちだったんです。でも、太郎さんに「立候補します」と伝えたら、突然、「特定枠」の話をされて。何かキツネにつままれたような話で（笑）。同席していた仲間たちも、「え？　ちょっと待って」って雰囲気になってたんですけど、私の中ではもう決めたので。どちらを選んでも命がけですから。地域で運動することも、国政に出ることも。そこで命が終わってしまっても、それが自分の人生なんだって肚《はら》を括りました。

家族はどのような反応だったのだろう。

木村　夫はとにかく身体のことを心配してました。息子は、生まれたときから私が運動しているのを見てるので、「お母さんは戦ってたほうが元気だからいいんじゃない？」って（笑）。

なんとなく、木村家の様子がうかがえるやりとりではないか。そうして選挙が始まるわけだが、

街宣では、最前列に車椅子がたくさんある光景にいつも勇気づけられたという。

木村　皆さんのためにも頑張らないとって思いました。仲間を助けたいという思いから出馬したので、少しでも助けになれればって、いろんな声を聞きました。障害児を抱えたお母さんは子どもの将来を心配されて、「自分が亡くなった後も子どもが生きていけるような社会にしてほしい」と言っていました。自立生活をしてる障害者の人からは、「支給量が少ないのでなんとかしてほしい」という訴えも聞きました。一件一件、お受けできるかなという不安もありながら、でも国会議員になったので、これから解決に向けて取り組みたいです。

選挙中は、山本代表に助けられたことも多かったという。

木村　とにかくスピーチの前はドキドキするんですが、太郎さんはいつも「ゆるくいきましょう」とか「楽しんでください」って声をかけてくれて、ありがたかったですね。同時に太郎さんからは、国を変えたいって情熱と、弱者を助けたいって強い信念を感じました。実は今までも、他の議員さんから「選挙に出ないか」と言われたことはあったんですが、お断りしてきました。太郎さんのお誘いじゃなかったら出なかったですね。やっぱり、太郎さんは本気ですよね。れいわ新選組の候補者の皆さんもとても優しい方々で、いつも声をかけてくれたり、すごくいいチームだなって思ってました。

怒濤の選挙期間を駆け抜け、7月22日午前2時40分、当確。

木村　うれしいというよりも、もうこれはやるしかないんだなって、覚悟が決まった瞬間でした。仲間はすごく喜んでくれて、応援してくれていた家族は、「今までの仕事の延長だよね」って感じで冷静でした。個別対応から全体の制度改革というところに変わるだけだよねって。ただ、今までは自分の体調に合わせて活動できたけど、国会となると、そちらのスケジュールにこちらを合わせないとできない。その不安はちょっとありますね。

国会議員になってそうそう、重度訪問介護という制度の穴が白日のもとに晒《さら》されたことは舩後氏のページで触れた通りだ。

木村　介護保障運動が始まって46年ですが、いまだに障害者が働く、学校に行くということが想定されていないことを改めて実感しました。私と舩後さんが国会議員になることで、こういう形で注目されたことはよかったと思います。

これから国会議員として力を入れていきたいことは、やはりインクルーシブ教育。

木村　地域に出たのが遅かったので、人間関係を含めて本当に苦労したんですね。子どもの頃から障害児も健常児も同じところで学び合えば、偏見というのはなくなっていくと思うんです。小さいときからお互いを認め合える環境にいれば、大人になって差別をすることも少なくなるでしょう。自分と違う人間を受け入れるキャパシティを広げていくには、子どものうちから一緒に学ぶことが一番だと思うので、養護学校と普通学校を分けないで教育を受けられたらいいなと思って、インクルーシブ教育を進めていきたいと思います。

木村氏、舩後氏にとって初の国会が始まる前日の10月3日、うれしいニュースが飛び込んできた。厚生労働省が、「重度訪問介護」を巡り、利用者の就労状況に関する初の全国調査を実施すると発表したのだ。ふたりの議員が誕生していなければ、決して行なわれなかった調査だろう。今、木村氏がやってきた障害者運動の蓄積が、国会を舞台に花開こうとしている。

参考文献：『生きている！　殺すな　やまゆり園事件の起きる時代に生きる障害者たち』（「生きている！殺すな」編集委員会編著／山吹書店）

ベストスピーチ4
沖縄創価学会壮年部

野原善正

NOHARA
YOSHIMASA

1960年生まれ、沖縄県出身。84年、創価学会に入会。琉球大学大学院修士課程修了。元学習塾講師。2019年7月の参院選で東京選挙区から出馬。公明党の山口那津男代表との対決が注目を集め、約20万票を獲得するも落選。現在は、地元・沖縄で運転代行のドライバーを務める

「政治改革するための手っ取り早い方法は、公明党を潰すことです」

2019年 7月12日
東京・品川駅港南口
「れいわ祭」

QRコードを読み込むと、スピーチの動画を見られます!!
2:34:50〜

皆さまこんばんは。沖縄在住の私が、東京選挙区より立候補した理由はふたつあります。ひとつ目がですね、辺野古《へのこ》の新基地建設の問題について東京都民の皆さま方にも、また全国の皆さま方にも、この問題にもっと関心を持ってもらいたかった、そういうのがひとつの理由。ふたつ目の理由が創価の変革です。こういった国政選挙にですね、公明党おかしい、創価学会おかしいと、それを変えるんだっていうのがですね、政策になるって本当に面白い、普通の選挙とは違う、本当にユニークな選挙だと思います。

はい、まず1番目の項目ですけども、辺野古新基地、今も工事続いております。毎日ですね、250台から300台のダンプカーの土砂が、あのきれいな辺野古の海に投入されています。去年の9月に玉城デニーさん、県知事選で相手候補に8万票の差をつけて圧勝しました。しかも、沖縄県知事選挙始まって以来の最多得票でした。その次、那覇市長選、そして豊見城《とみぐすく》市長選、そして沖縄3区の衆議院補欠選。4回の選挙では連続して、いずれも辺野古新基地建設反対の候補が勝ちました。さらに、今年2月に行なわれた県民投票では72%の反対票がありました。何回も、何回も、沖縄の民意は示されてきたにもかかわらず、現在の自公政権、沖縄の民意を無視し続けております。本当におかしいと思いませんか、皆さん、おかしいですよね、本当にね。自公政権、辺野古新基地建設の目的、中国の脅威だとかですね、また国防だとか、いろいろ理由をつけておりますが、本質は利権です。利権でしかないのです、あれは。一部のゼネコンの業者を儲けさせるためにああいうことやってるんです。

皆さん、辺野古の総工費いくらかご存じですか？　辺野古新基地建設の総工費。２兆５０００億円といわれています。もちろん、これ皆さんの税金です。なんで、あの一部のゼネコンを儲けさせるために、皆さんの血税である、しかも２兆５０００億円ものお金、浪費しないといけないんですか？　おかしいですよね。また、一部のゼネコンを儲けさせるために、なんであんなきれいな沖縄の辺野古の海を壊さないといけないんでしょうか？　おかしいですよ。平和福祉と言っていながら、辺野古の建設の問題、まったく無視してますよ、公明党。どうなってんですか、公明党。平和福祉の政党なんでしょ？　今すぐ止めてみろよ、山口那津男《なつお》。平和福祉だったら、今すぐ止めてみろ。おかしいだろうが。

（中略）

皆さん。自公連立政権ができてから、本当に世の中ダメになりましたよね。平和、福祉と言いながら、安倍の悪事の片棒担いで、ここまで世の中ダメにしてきましたよ。だから、政治改革するための手っ取り早い方法は、公明党を潰すことです。本当、言葉が悪いんですけどね。言葉は悪いんですけど、ほんと潰さないといけない。

これ私が勝手に言ってることじゃないんです。池田（大作）先生がそう言われてるんですよ。公明党の前身である、公明政治連盟を池田先生が立ち上げたときに、こう言われました。「将来公明党が政権になびいて立党の精神である平和福祉を忘れた場合には、そして国民をいじめるようになったときには、そのときには遠慮なく潰していいよ」って言われたんです。だから、私が勝手に言ってるんじゃないんです。池田先生がそうおっしゃってるんですよ。だから、この日蓮仏法というのは、師弟の仏法です。要するに、師匠の思いをどれだけ弟子として、自分の思いとして行動できるかという、この一点にかかっているんです。後にも先にもこれしかないんです。だから「師弟不二《していふに》の仏法」というんです。だから池田先生の指導に従えば、今の公明党は潰すしかありません。

いいですか。ここで私は、学会の方々に訴えたい。創大（創価大学）生、何してんだよ。（創価）学園生何してんだ。真正の池田門下生、何してんだ。いつまで臆病風に吹かれて、尻込みしてんだよ。立ち上がるのは今だろう。創大生、学園生、真正の池田門下生、立ち上がるのは今だろう。池田先生の大恩に報いるのは、今だろうがあ。池田先生の仇《あだ》を討つのは今なんだよお。今立ち上がらなくて、いつ立ち上がるんだあ。創価の変革、これですべて日本が変わる。池田門下生、今すぐ立ち上がれ。前進、前進、前進。前進、前進、前進。以上でございます。ありがとうございました。

「今、創価学会の操縦桿握ってるのは、裏切り者の弟子たちのハイジャック犯人たちなんです」

2019年7月19日
東京・新橋駅SL広場
「れいわ祭2」

QRコードを読み込むと、スピーチの動画を見られます!!
9:55〜

平和福祉と言いながら、安保法制（安全保障関連法）を通したとき、また共謀罪（改正組織犯罪処罰法）を通したとき、私は公明党はもう平和福祉の旗を完全に降ろしたと思っております。私はもう、あの時点で公明党の歴史的役割は終わったと思っております。本当に大変なことですよ、安保法制通すとか、共謀罪通すとか、公明党が安保法制、通した結果、海外派兵できるようになりましたよ。共謀罪、あれも恐ろしい法律です。本当に平和福祉と言いながら、戦争を肯定するような法案を通したんですよ、公明党が。平和福祉と言いながら、民衆を弾圧するような現代版の治安維持法といわれている共謀罪通したんです。もうおしまいです、公明党。平和福祉のバックボーンがなくなった公明党なんて、存在意義なんてないです。だから、今すぐもう政治の世界からお引き取り願いたい。

あの皆さん。生きづらさ、ピークに達してますよね、今の社会。閉塞感ピークに達してますでしょ。これ、みんな原因は公明党にあるんです。自民党と連立政権を組んで20年来、公明党がおかしなことばっかしやってきたからこうなったんです。その究極が、安保法制、共謀罪の賛成です。またおかしな方向に行ってる公明党、今、創価学会、相も変わらず支援をしております。本当におかしなことです。皆さん、この閉塞感ですね。打ち破るための本当に手っ取り早い方法がひとつだけあるんです。それは今の公明党を連立政権から下野させればいいんです。公明党の議席を減らせばいいんです。公明党の勢いを弱めればいいんです。はっきり言いますよ。公明党、潰せばいいんです。そうすれば社会の閉塞感にも風穴が開きます。突破口が開きます。辺野古の新基地建設も一発で止まるんです。

皆さん、御書《ごしょ》にですね。御書っていって、私たち創価学会の会員が勉強している、要するに、あのキリスト教でいえば聖書とかですね。イスラム教でいえばコーランとかありますよね、聖典が。あの創価学会の聖典である御書というのがあります。そこに日蓮大聖人が言われた、「如かず彼の万祈を修せんよりは此の一凶を禁ぜんには」というところが出てきます。これどういうことかというと。いいですか？　今の社会、いろんな問題を解決するためにいろんな手を打ちますよね。だけど、根本悪というのを取り除かない限り、どういう手を打っても無駄だって言ってるんです。

いいですか？　根本悪ってなんですか？　皆さん、具体的にいえば、今の公明党なんです。それを支援する創価学会なんです。もっと具体的にいえば今の創価学会の執行部なんですよ。公明党というのは執行部には逆らえないんです。だから、今の公明党、創価学会。今の政策おかしいよなと思ってても、執行部に逆らうと公認取り消されて仕事がなくなっちゃうんです。だから、みんなそういうのを怖がって、執行部の言うこと聞いてるんです。また、中には勇気のある人たちもいますよ。議員さんでやっぱりおかしいと言って声を上げてクビになった議員さんとかいます。また、創価大学の教授だった方がですね、おととい泣きながら駆け寄ってきました。今の学会おかしいって言ったら、なんかもうクビになったそうです。そういう組織なんです。だから学会の執行部をですね、総退陣させない限り、この社会の混乱というのはやまないんですよ。

今の創価学会執行部というのは、御書で説かれるところの一凶、根本の悪だから池田先生の正統な後継者ではないんです。前も申し上げた通り、昭和54年の4月24日に池田先生、3代会長、辞められました。はっきり言うけど、辞めさせられたんです。今の執行部に首を取られたんです。だから今、池田先生は創価学会を運営する最終的な決裁権はないんです。乗っ取られたから。わかりやすく言えば今の執行部のメンバーに、あの時点でハイジャックされたんです。ハイジャックされたから池田先生、今、創価学会の操縦桿握ってません。操縦桿握ってるのは、今の学会組織を牛耳っている執行部のメンバーである、あの裏切り者の弟子たちのハイジャック犯人たちなんです。だから、このように平和福祉とか、生命の尊厳とか、世界平和とか、正しい航路を外れちゃって、これまでめちゃくちゃにな ったんです。おわかりですかね、そう、これが根本的な原因なんです。だから、この一凶、根本悪を除くためには創価学会の執行部を総退陣させないといけないんです。

いいですか、皆さん。あの、私、東京選挙区から立候補した理由、辺野古の問題ももちろんあるんですが、先ほど太郎さんもおっしゃっていました。ここで山口那津男代表とガチンコでケンカするために立候補したんです。平和福祉と言いながら完全に平和福祉の旗を降ろした公明党。これ潰すために立候補しました。だから、ありがとうございます。これまで公明党がやってきたこと、山口那津男さんがやってきたこと、私がこの選挙戦でずっと主張していること、どっちが筋が通ってるのか？　どっちが正しいのか？　今回の選挙戦で東京都民の皆さまに判断してもらおうじゃないかっていう話なんです。皆さん、お願いします。東京選挙区、山本太郎、れいわ新選組、野原ヨシマサ、野原ヨシマサに力を貸してください。ガチンコ勝負でいきますんで、よろしくお願いします。公明党を潰せば、日本の社会が変わるんです。いいですか？　社会の不条理と戦ってこそ本当の政治家ですよ。一番苦しんでる人に真っ先に救いの手を差し伸べる、それが政治の原点なんです。ありがとうございます。

インタビュー4

沖縄創価学会壮年部

野原善正

取材・構成
木村元彦

「決定的なのは2015年の9月17日でした。安保法制の強行採決」

26歳のとき、日蓮正宗の総本山、大石寺に初登山。

日蓮大聖人さまのご命令だから絶対、受けなさい

野原が、見たことのない携帯番号の着信を受けたのは、6月28日金曜日の午後9時ごろ。運転代行のドライバーとして県道29号線の沖縄県西原町を走っている最中だった。運転手として風光明媚なこのルートが好きで、景色に見入りながら、また要請のお客さんか、と思って車を停めて取った。「山本です」「……どちらの山本さん？」「山本太郎です」「えっ」「れいわの山本太郎です」。声の主は会ったこともない山本太郎だと名乗った。

野原　友達が酒を飲んで調子こいて、いたずらしてんのかと最初は思ったんです。だけど酔っている感じもしないし、声を聞いて、話をしていくうちに、やっぱり山本太郎さんの声なんで、本物なんですねと答えたら、「それで野原さん、突然ですけど、今回の参院選、出てみる気ないですか」といきなり言われたんです。それで頭が真っ白になりました。私の中での山本太郎は、大河ドラマ『新選組！』の原田左之助《はらださのすけ》のイメージで、いい役者さんだなと最初は思っていた。ところが原発に反対していばらの道である政治家を選んでいった。固い信念のすごい人だなと、関心を持ってずっと活動を見ていたんですけれど、まさかいきなり電話がかかってくるとは思ってもいなかったんです。選挙ならば、（創価学会の）三色旗を振って応援してほしいとかいう話かと思っていたら、ま

さかの出馬要請ですから、驚きました。「考えさせてください」「いいですよ」ということで、ただ返事は「日曜日のお昼ごろまでに連絡をお願いします」と言われて、これまた仰天して。ほんの3分くらいの会話だったんですけど、その日、仕事が終わって帰っても放心状態で、食事も喉を通らないし熟睡できませんでした。

翌日、土曜日になっても悩んで、悩んで、どうにもならないので、全幅の信頼を置く学会員の友達に電話をしたんですよ。良識も知性もある人なんですが、彼は「絶対に出るべきだ」と即答したんです。「これは辺野古の問題や学会の問題を大きく伝えて、ものすごく前進できるビッグチャンスだから絶対、出るべきだ」と。でもやっぱり不安なんです。私は政治をまったくやったことがないど素人です。一応、正常だったころの公明党の応援は若いころに、これしかないという気持ちでしてきましたけど、自分がいきなり国政に出るというのは、責任が重くて背負い切れるものじゃない。「やっぱり出たくないんだけど」「だめだ、絶対出ろ」。それでも彼からのアドバイスは、過去にも間違ったことがなかったので耳を傾けたんです。「人間というのは生まれながらに誰もが使命というのを持って生まれてきている。貴方は、今までずっと苦労をして生きてきた。その使命が今、回ってきたんだ。これは日蓮大聖人さまのご命令だから絶対、受けなさい」。そう諄々《くどくど》と諭してくるわけです。信仰的な方向性で説得してきたので、ストンと落ちて、やりましょうと決めたんです。

でもね、なかなか受けますという電話を太郎さんにはかけられない。それで日曜日の朝、また彼から電話がかかってきて、「どうだ、承諾の返事したか」「まだです」「お前のことだから電話してないだろ」。私のことを手に取るようにわかる不思議な人で「やっぱり悩んでるんだろ。悩んでもどうしようもないから今から俺の言う通りに絶対にやれよ。すぐ電話を切って、太郎さんに電話をして、直後にまた俺に電話しろ。それしかないぞ」。もう本当に震えながらタイムリミットぎりぎりに太郎さんの留守電に入れました。出馬が決まってその彼が、まず真っ先にアドバイスしてきたのは「マニフェストを取り寄せて徹底的に頭にたたき込め。それがまず最初だよ」ということで7月2日、あの記者会見のとき、事務所に最初に入ってマニフェストをもらってホテルに帰って一生懸命読んだ。全部同意できる。それがスタートでしたね（笑）。

悩む学会員に対して、内心を守れというメッセージ

学会員の友人が語った「お前は今まで本当に苦労をしてきたから」というのは誇張ではなかった。野原の半生は苦難の連続だった。10代のころからアレルギー性鼻炎、喘息《ぜんそく》、腎臓機能障害など、多くの病いがあった。治療に向けてあらゆる手を尽くしてきたが、効き目がない。救ってくれたのが信仰だった。悩んでいた19歳のときに初めて高校の同級生から折伏《しゃくぶく》をされる。悪い運命というのは日蓮仏法を信仰することによっていい運命に変えることができると説かれ、仏法の生命観となる

『十界論』の8ミリビデオを見せられて大きな感動を受けた。「当時はクリスチャンだったのでキリスト教と比べてもこんな素晴らしい思想があるのかと思えたわけです」。野原の中で、それまで持っていた創価学会に対する偏見が消えた。このときはスルーしたが、その後、20歳を過ぎると、両親が事業に失敗して莫大な借金を抱え、実家も差し押さえられてしまった。八方塞がりの状態に置かれると、親戚の女性がまた野原にとって2回目の折伏に訪れ、宿命転換以外ないと諭《さと》されて、受けた。野原の信仰に対する喜びは自らが修めた学問にも反映されている。琉球大学大学院でアメリカ文学を専攻した際の修士論文のテーマは「日蓮仏法の自然思想とソローの自然思想の類似性」。奴隷制度とメキシコ戦争に抗議し、自然主義を貫いた作家ヘンリー・デイビット・ソローの発想は仏法だと看破して仕上げたこの修士論文は高い評価を受けた。しかし、学会の活動に、疑問と行き詰まりを徐々に感じていった。

野原　沖縄の離島僻地で折伏を始めたんです。朝6時に起きて一番の便に乗って夕方までピンポン鳴らしながら「聖教新聞を読んでみませんか」「日蓮仏法の話を聞いてみませんか」と。他人さまの家にいきなり行くのは、最初は足ががくがくして怖かったです。でもどんどん自分の人生が好転していって私の体調もよくなって、痛めていた膝も治ってきた。やっぱり折伏の功徳はすごいと感じたんです。ところが、そこに沖縄の学会本部がクレームをつけてきた。「勝手なことをするな」と、私たちを止めるんです。それだけでなく我々に対するデマも流す。折伏すれば必ず反動は起こりますよね。昔だったら反動を理解した上で「いや、めげずにがんばりなさい」と指導してきたと思うんですけど、やっぱりおかしくなっていますから、政治的に忖度して布教活動自体を叱りつけるんです。そんな宗教ってないじゃないですか。何かというと潰しにくる。組織の理論だ、と言うけど、じゃあ文証を出してくださいと。御書の何ページの一節、牧口（常三郎）先生、戸田（城聖）先生、池田（大作）先生の指導で、こういうのに基づいているから、お前の行ないは間違っている。そのような言い方をしたら私も納得できます。でもただ頭ごなしに「組織の方針だから」というだけ。

決定的なのは2015年の9月17日でした。安保法制の強行採決。憲法の解釈を変えて自衛隊が海外派兵できるようにしたじゃないですか。私はあのときまで、ちょっと公明党はおかしいと感じてはいたんだけど、まだ信じていた。今回ばかりは、さすがに自民党と袂《たもと》を分かつだろうと思っていたら、すんなり賛成した。学会員を利用し、裏切ってまで権力が欲しいのか。結局、キャスティングボートを握っている公明党が野党の側にいたならば、安保法制も共謀罪もなかったし、消費税も10％とかなかったわけですからね。私はイラク派兵のときから、幹部には抗議して、一悶着あったんですけど、あれが決定的な決別のきっかけでしたね。もう絶対に公明党なんか、応援しないと。

野原は2018年の沖縄県知事選で、公明党の支持する佐喜真淳《さきまあつし》ではなく、辺野古新基地建設反対の玉城デニーを公然と応援、玉城の演説会場では、青黄赤の三色旗を振り「公明党は平和と福祉

の党であったことをないがしろにしている」とアピールした。それは基地に反対しながらも公明党への投票を強いられ、悩む学会員に対して、内心を守れというメッセージでもあった。この野原の活動を山本太郎は見ていた。れいわ新選組を立ち上げ、候補者を選ぶ際にこんなことを考えていた。

「日ごろから創価学会員の方々から、相談を受けていたんです。公明党のバックグラウンドである創価学会の中で、要は何かを信じるという自由さえ剝奪されるというのは、問題じゃないか。本来ならば、愛や平和や自由というものを希求していくはずの宗教が、その真逆の政策を推し進めることに関与し続けるというのはおかしいだろうという、もうすごくシンプルな話です。国会質問でやりたかったんですけど、できなかった。選挙で学会の方が立候補すれば問題にできる、と考えたとき、野原さんの顔が浮かんだわけです」。

出馬を要請し、その上で東京選挙区から出てもらおうと太郎が閃《ひらめ》いたのは、告示日の前日だった。そのときまでは野原を比例代表のひとりとして考えていたが、自分が比例区に転出することで空く東京の穴を埋められるのは誰か、と考えたときに野原以外には考えられなかった。沖縄に再び電話が入る。「東京から出てもらえませんか」「少し考えさせてください。どのくらい時間をいただけますか」「2時間です」。野原は再び学会員の友人に相談した。

野原　そうしたら、それはいいじゃないかとまた即答です。公明党の山口那津男代表との対決になるわけですから、辺野古や学会の現状を訴える上で最高にインパクトがある。それで決めました。

7月4日に新宿で第一声を上げたわけですけど、やっぱり最初は原稿を読まないとできなくて、初日はずっと読んでいたら、仲のいいジャーナリストに「何やってんだ。原稿、読むな」って言われて。小さいカードに箇条書きにしていたら、また「それも見るな」と。開き直って見ないでやったら、できたんでびっくりしたんです。それだけ言葉が入っていたんですね。街宣の初日、2日目、3日目、志を同じくする学会の婦人部の人たちがやって来て泣いてました。握手をして「よくぞ言ってくれた。あなたが最後の望みだ」と何人かから言われて。公明党の元市議会議員というおばちゃんは「今の公明党はおかしいと言ったら公認を外されて仕事がなくなりました」、創価大学の教授も「矛盾を指摘して意見したらクビになりました」と。そういう声を聴いて、やっぱりこれは私の使命だ。絶対逃げられないと思ったわけです。私は学会はハイジャックされているとまで、演説ではっきり言ったわけですけど、真実なので向こうも反論のしようがないんです。

太郎さんと池田先生が言っていることはけっこうかぶってる

参院選に出馬してから、野原に対する圧力はどのようなものがあったのだろうか。

野原　仏敵とか、第六天魔王、裏切者、破和合僧とか15、16年前ぐらいから言われていたので、免疫はできていたんです。ごっついにいちゃんから、いつも尾行されていたし、２００８年にオフ会で東京に来たときもずっとストーキングされていましたから。デマを流されて村八分、村十分ぐらいですかね（笑）。選挙期間中はかつて自分を折伏したお姉ちゃんが来て「なんで、そんなことをやるんだ」と言われました。幹部に行ってこいと言われたんでしょうね。ショックでしたけど、どれだけ話し合っても、ずっと平行線で感情論にしかならない。最終的には彼女も「だったら勝負するか」みたいな感じで捨てぜりふを吐いて帰っていきました。彼女は彼女でまた自分たちがやっていることが正しいと思い込んでいるんでしょう。私に言わせればガチガチの洗脳で、それ以外にないと思います。そもそも公明党が自民党とのうまみに走っておかしくならなければ、私たちがこんなことを言わなくても済む問題だったと思うんです。民衆救済の精神を捨てたこの責任はものすごく罪が重い。だから学会、早く気づけよ。カルマって永遠に続いていくものだろう。お前らがやっていることは本当に悪いカルマを増やすだけのことだろうと。

選挙が終わり、野原は沖縄に帰った。辺野古には通い続けているという。

野原　相変わらずですよ。機動隊を使って民衆をイジメている。沖縄のあそこに権力の縮図が表れている。これまでの選挙で民意が示されているのにもかかわらず、力でねじ伏せる。私は集合体として沖縄全体のカルマというのを考えたりもするんです。ユングがいみじくも言った集合無意識みたいな、そういう話。沖縄の運命を自分たちで決められない。島津が入ってきて首里王府が滅びてから、ずっと権力者に一方的に決められてしまう。だから辺野古の問題を変えるには東京で出て、特に公明党、学会、それを変えることが一番の近道だと思います。根本を変えれば自然と辺野古の問題も解決するわけだから、東京。池田先生も東京にいらっしゃるし、やっぱり本丸、学会の本丸。

野原は突然かかってきた電話に2日で立候補を決め、そして2時間で東京選挙区からの出馬を決意した。導かれるように自身の使命を果たそうとして全力を尽くした。れいわ新選組と出会い、今は何を思うのか。

野原　太郎さんはああいう性格じゃないですか、彼の思いは本当に「あなたを幸せにしたいんだ」に集約される。太郎さんの演説って学会、とか公明党が正常なころ、ずっと主張していたのと同じようなことを言っているわけですよ（笑）。発想というのが王仏冥合や日蓮仏法のヒューマニズムに基づく、また平和思想に基づく改革というかな。政治を手法にする改革、まさしく、それです。だから太郎さんと池田先生が言っていることは、けっこうかぶってくるんですよ。創価の精神、昔の公明党にはあった平和思想、そういうのは、もう学会にはない。歴代3代会長の創価の精神、日蓮仏法の血脈《けちみゃく》は、山本太郎さんとれいわ新選組に流れ通っています。そういうことは遊説でも言ったんです。実際、そうじゃないですか、不思議と。

ベストスピーチ 5

元東京電力社員

蓮池 透

HASUIKE
TORU

1955年生まれ、新潟県出身。元「北朝鮮による拉致被害者家族連絡会」事務局長。東京電力で32年間原子力関連業務に従事した経験から、原発現場の実態を伝えるとともに、福島第一原発事故を当事者目線で分析。原子力の廃止を訴える。著書に『奪還 引き裂かれた二十四年』『告発』など。

「原発事故で抱えた借金を再稼働で儲けて返す。こんなふざけた話ないと思いませんか?」

2019年7月6日

東京・新宿駅東南口

QRコードを
読み込むと、
スピーチの動画を
見られます!!
39:58〜

皆さま、こんばんは。異端児その3の蓮池透と申します。蓮池薫《かおる》ではございませんので、お間違いないようお願いいたします。

皆さん、山本太郎は比例で出るんだって？　えっー!?　って思われた方がたくさんいらっしゃると思います。私もびっくりしました。なんだよ、東京で山本太郎って書けないのかよと。そうお嘆きの皆さま、お怒りの皆さま、山本太郎が先ほど申し上げましたように、ご安心ください。

東京はもちろんのこと、全国で山本太郎という名前をお書きいただけます。皆さま、まず投票所に行かれて、1枚目にもらう黄色い紙。これは東京選挙区です。そこには、野原ヨシマサと書いてください。次、2枚目に渡される白い紙には、これ比例区です。山本太郎と書いてください。山本太郎って書くのがいやな方は、蓮池透と書いてください。山本、蓮池もいやだっていう人は、ほかの比例の候補を書いてください。みんないやだっていう人は、れいわって書いてください。よろしくお願いします。

なぜ山本太郎が比例から出たか。退路を断ったんですよ。背水の陣です。それだけ彼は本気なんですよ。次の選挙ばっかり気にしているような、政治屋とは違う！　私たちは、れいわ新選組の緊急政策、8つの緊急政策に皆が同意して、皆さんを幸せにするために頑張るという一点で、皆ゆるーくつながっております。山本太郎に絶対服従なんか、どっかの党みたいにはしません。皆好き勝手言ってます。でも、そこにあるのは、皆さんを幸せにしたい、それだけです。

皆さん、さっき山本も言ったけど。次の選挙のことしか考えてない自民党、公明党。消費税10％、皆さん容認しますか？　皆さん、愚弄《ぐろう》されてるんですよ。憲法変える？　総理総裁がそんなこと言ってどうすんですか？　誰もそんなこと望んでないでしょう。福島の皆さんを選挙のネタに使うな、と。東北で、あの人（安倍首相）には復興とかいう言葉を使ってほしくない。とりわけ、福島、東北、絶対使ってほしくない。利用してほしくないです。

まぁ、政治利用っていえばいろいろあります。でも今、政権がやっていることは、年金問題にしろ、少子高齢化にしろ、全部その場しのぎの棚上げ、先送りばっかりですよ。私たちは次の時代をどうするのか考え、そのためには今、何しようかということを本当に考える政治家になりたいんです！　山本太郎、6年前は原発反対、今は原発禁止ですよ。原発はもうやっちゃいけない。それこそが裁判所がよく使う「社会通念」です。問題になってるのは、核のゴミ、もちろんプルトニウムですよ。プルトニウムが約50トンもある。これ、原爆換算したら、6000発分くらいあるんですね。

このプルトニウムをどうすんのか？　政府はずっと「もんじゅ」（＊1）で燃やすって言ってた。「もんじゅ」ってありましたね、原発。「もんじゅ」の前に「ふげん」ってあったんですよ。私の親友の住職は「ふげん」、「もんじゅ」と来たら、次は「しゃか」かって言

（＊1）福井県敦賀市にある日本原子力開発機構の高速増殖炉。プルトニウム、ウランなどから成るMOX燃料を「高速炉」と呼ばれる原子炉で燃やして発電に利用する「高速炉サイクル」の中核と位置づけられてきたが、ナトリウム漏えい事故などが発生し、ほとんど運転されないまま２０１６年12月に廃炉が決まった。

ってました。「ふざけんな」と。そしたら「もんじゅ」が釈迦になっちゃいましたよ。『もんじゅ』がおシャカ」になったんです。ずーっと「もんじゅ」でプルトニウム使って減らしますって言ってたのが、なくなった。じゃあ、どうすんですか？　そういうことを真剣に考えなきゃいけない。東京電力は福島の廃炉を一生懸命やんなきゃいけない。

私はあそこの福島第一の原発で働いていたことがあります。実は東電社員でした。あそこの廃炉は今世紀中には終わりません。私はこれ、断言してもいいです。ですから、東京電力は廃炉に専念すべきなんです。皆さん考えてみてください。あの事故で、悲劇的な、莫大な代償を支払ったんです。それ、東電は借金してるんです。原発事故で抱えた借金を原発再稼働で儲けて返す、こんなふざけた話ないと思いませんか？

東電時代の蓮池氏（右端）

インタビュー5

「建設的な提言は情緒的な批判でもないし、怒りでもない」

元東京電力社員

蓮池 透

取材・構成 木村元彦

東電OBのエンジニアとして声を上げないといけない

拉致被害者家族として、名前が日本中に知れ渡った蓮池透には、その半生においてもうひとつの側面がある。1977年に入社以来、32年間ずっと原子力関連業務に従事していた東京電力の技術者としての顔である。福島第一原発の保守管理を担当し（後に所長となる故吉田昌郎《まさお》氏とは同年齢）、ウラン濃縮や放射性廃棄物の埋設などを行なう日本原燃にも籍を置いた。当事者として原発を熟知する人物だからこそ、その危険性や欺瞞《ぎまん》も目の当たりにしてきた。

蓮池　会社で高レベル廃棄物処分の研究をやっていて、だんだん馬鹿馬鹿しくなってきたんです。会議室に人が集まって、真面目な顔で核のゴミを地下に埋めた場合（放射能の影響が弱まる）10万年後の地下水脈はどう変化しているか、火山がどう活動しているかとか、一応コンピューターで解析してシミュレーションデータを出すわけです。こんなに地殻変動が激しい日本で安定な地層を探して300メートルより深い所に埋めて10万年。それだけでもう現実的じゃない。仮にそれが合っていたとして、どこの自治体でそれをやるの？と。全然あり得ない話だなと思っていました。でも、社内ではそんなことは言えない。「もんじゅ」の次の実証炉の研究もやらされました。そもそも「もんじゅ」があんな状態でまったく機能していないように、実現できるわけがなかったんですが。

私は原子力計画課にある訴訟グループという、対外的には公にしていない「非公然部隊」にいたときは裁判に呼ばれたこともあります。原子炉設置許可取消訴訟で国が訴えられている行政訴訟なんですけれども、大体、東電がやるんですよ。訴えられているのは国なのにおかしいでしょう。通産省（当時）に訟務室というのがあったのですが、そこと連絡を取って裁判の準備書面を書きました。裁判では（核科学者で反原子力運動のリーダーである）高木仁三郎氏への反対尋問、証人尋問をやりましたけど、技術者としては、あの方の言っている通りだと思っていました。

蓮池は２００９年夏に東電を退職。その後2年足らずの間に東日本大震災が起きた。3月11日は神奈川県の鎌倉にいた。テレビが福島原発沖に大津波警報と伝えた瞬間に、かつて勤めた福島第一原発の事故が頭に浮かんだ。10メートルを超える津波が来たら終わりだという想像はもうついていた。案の定、電源喪失で事故が起き、放射性物質が出ているのに東電はメルトダウンをしていることはなかなか発表しなかった。蓮池は、東電がしっかりと事故対応していれば何も言うつもりはなかったが、これは、せめてもの罪滅ぼしの思いで、東電ＯＢのエンジニアとして声を上げないといけないと考えた。そんなときに山本太郎と出会った。

蓮池　テレ朝の「朝生」（『朝まで生テレビ！』）でご一緒したのが初対面なんです。「朝生」が福島の郡山で大みそかにやったんですが、太郎さんはマスクをして、タブレットを持って、線量計を持って現れた。そのときにあいさつして、番組でもいろんなことを話して終わってから太郎さんに

野党もなかなか再稼働反対と明確に言わない

「すごく的確な発言でしたね」と言われたんで「太郎さんも良かったですよ」とそんな会話をしていました。第一印象としては原発タブーにガンガン切り込むし、とても芸能人には見えなかった。それ以降、いろんな集会とかで顔を合わせていて、やがて彼は政治の道に進んでいったのですが、とにかくぶれないし、言ったことをやるじゃないですか。発言には非常に賛同できたし、ずっと6年間、成り行きは注目していました。天皇陛下に手紙を渡したり、国会で喪服を着て自民党のお葬式をやったり、牛歩戦術をすることで世間の批判を受けるのですが、私は逆にそれこそが、山本太郎の発信力だと思ってずっと応援していたんです。今年で6年の任期が終わるので、改選に当たっては、ああいう貴重な人間が国会からいなくなるのはまずいと思っていたので何かの形で応援しようと考えていた。そうしたら4月にれいわを立ち上げた。太郎さんらしいなと思いながら見ていたら、急に突然、彼が私の故郷の新潟・柏崎のほうへ来てくれて、力を貸してくれという。「力は貸しますよ。ずっとそう思っていたから」と言ったら、「あなたも一緒に」と言われて「えっ、ちょっと待って」ということに。私は太郎さんを応援するつもりでいたから、いくらでも力は貸すけれども、私もということに関しては考えさせてほしいと伝えました。

蓮池は拉致被害者家族が政治を志すということにずっと異を唱えてきた。「安倍首相は拉致を政治利用した」と盛んに批判してきた手前、国政にチャレンジするつもりはなく、ほかの政党などから、オファーがあっても断ってきた。しかし、今回ばかりは心が動いた。

蓮池　実は私は去年45年ぶりに新潟にUターンしていて、想像以上にものすごく故郷が衰退していることに気づいたんです。そんな中で、新潟県知事選のときに私はまた山本太郎にほれ直したことがあったんですね。野党共闘で野党の国会議員が応援に来ていたんですが、みんなそろって演説の冒頭は国政のことなんです。森友加計問題がどうのと言って。私は「それは永田町でやってくれよ。ここは新潟だよ」と思っていました。そういった中で、山本太郎がなかなか来ないなと思っていたら、駅前でビラを配っているんですよ。驚きました。それで「太郎さんがしゃべってくださいよ」と頼んだら、彼は一言も国政のことを言わなかった。この県知事選は県民の皆さんのための大切な選挙だ、ということを延々としゃべってくれて、やっぱり違うなと思ったんです。それからもちろん原発のことも。今年の地方選で驚いたのが、とにかく県議選で野党もなかなか柏崎刈羽原発再稼働反対と明確に言わないんです。ポスト原発みたいな、あいまいなことを言っている。私が逆に気を使って「ここで原発に賛成とか反対とか声に出すのはタブーなのですね」と聞いたら、ある野党の選対の人から「違うわよ、蓮池さん。マナーよ」と言われたんです。マナーってなんだよって。ショックでした。ということは、結局「連合」（日本労働組合総連合会。電力会社の労組である電力総連が加盟）ですね。原発に触れると票が減ると言う人、組織、党が多いんですよ。連合という壁にすごい邪魔をされたなという気がしますよね。

言いたいことも言えない。原発立地点である柏崎市と刈羽村ではなおさら反対とか賛成と言わないんです。はっきり言えば、たかが原発ごときで地域が分断されているんです。さらには差別まで起きている。原発の存在というものが、相当な悲劇を生んでいるということを直に感じました。福島に関していえば、避難区域を解除した場合は、区域から出て避難を続けている人がいても、避難者数にカウントされずに数から引かれてしまっている。避難解除しただけで復興をアピールするなんておかしいですよ。政府は自主避難者への住宅支援打ち切りとか、そういう棄民政策みたいなことをずっとやっている。被曝線量の上限は年間1ミリシーベルトと法令で決まっている。それを政府は「緊急事態」であることを理由として20ミリシーベルトまで引き上げた上で、避難解除したから帰れと言っているわけです。100ミリシーベルト以下であれば健康上問題ないとか言っていますけれども、低線量でも浴びるより浴びないほうがいいに決まっているんです。それを原発事故前までは線量限度が1ミリシーベルトであったのを20にして、帰れと。完全に法律違反、無責任ですよね。本当に法治国家なの、と言いたいです。福島第一原発の廃炉が2050年で終わるというのを聞いて、私はとんでもないと思っている。今世紀中に終わるわけがない。

そんなわけで、地元の疲弊ぶりや原発を巡る地域事情を目の当たりにして本当にもやもやしていたんですよ。しかも私自身、休職していたこともあり、専らネットでいろんなことを発信していたんです。そうしたら、うちの娘から「ネットで人の悪口ばかり言っている暇があったら仕事を探せ」みたいなＬＩＮＥが来たんです。そんなところに太郎氏が来てくれたんです。

蓮池は誰にも相談せずに1週間で出馬を決めた。選挙運動をするにあたってひとつ決めていたのは、必ず福島に行かなくてはならない、ということであった。蓮池にとって福島第一原発は思いの深い職場でもあった。選挙戦が始まった。

蓮池　太郎氏が遊説で東北を回っているときに、福島だけは特別にふたりで話をさせてもらいました。原発に関しては、大量の票にはならないけれども、コアな票はたくさんあるんですよ。こんな言い方をすると有権者に失礼かもしれないですけれども、コアな方がたくさんいらっしゃるんで、アピールしました。原発なんて絶対にやっちゃいけないんだと。これは感情的でもいいんですと。それと、私は「なおかつ理性的に技術的に考えたって絶対やっちゃいけないんだ。元東電のエンジニアの端くれが言うんだから間違いないですよ、皆さん」と言ったら、わっと盛り上がったんで、それはよかったなと思っています。要するに原発で大量の票が集まらないということは、それだけ忘れさせられているという面があるんです。風化させられている。北朝鮮による日本人拉致問題はもっとそうですよ。２００２年に拉致被害者５名が帰国してから、もう17年もたって、知っているのは40代より上の世代だけという状態です。しかし、そういうふうに福島第一原発事故を忘れさせようとしたって、なかったことにしようとしたって、放射能はなかったことにできないわけですよね。そういうことを訴えると「そうだ、そうだ」と返してくださる方が多かった。

街宣活動などで手応えはあった。

蓮池　社会をよくするために提言や苦言を呈しているのに、それが「感情的な怒りだ」みたいに取られてしまう。それが今のこの世界に蔓延していると思うんです。建設的な提言は情緒的な批判でもないし、怒りでもない。それを悪口と捉えられる。このことがすごくいやだったのですが、きちんと選挙中はネットじゃなくてオフラインでやれたんで、それはすごい収穫はあったんです。不特定多数の皆さんの中でいろいろ訴えることができたというのは自分にとってもも大きなことだったし、さらにそれでいい反応をいただいたときはとてもうれしかったですね。7月11日の街宣では、こんなことを訴えました。「最近ネットでれいわが盛り上がっています。『いいね！』をたくさんいただきありがとうございます。でも、これはあくまでネットの世界の話です。仲間内だけで盛り上がってる場合じゃない！　私たちはリアルな世界で、オフラインでも『いいね！』をいただきたい。そして、皆さんの『いいね！』を広げていってほしい。リアルな『いいね！』をたくさんたくさん欲しいんです」。

この国は三権分立じゃなくて三権融合

蓮池の父は拉致問題の解決に向けて歴代総理大臣に手紙を出し続けていたことで知られるが、選挙に出ると伝えたときは、ひと言「俺も91歳。もう波風立たずに静かに死なせてくれ」と言われた。しかし、選挙戦が進むにつれて変化が起こってきた。

蓮池　太郎さんのスピーチの動画を見せたら「いいこと言うじゃねえか」と言ってだんだん応援に回ってきてくれたんです。うちの父親はノンポリなんですが、そういう人間が、だんだん「やるなら頑張れ」みたいなことを言うように変わってきてくれた。それで「特定枠ができたから、当選のハードルが高くなったよ」と言ったら、「それでもなんとかがんばれ」と言われたんですよ。開票が終わって、上位2名が当選という結果になって「舩後さんと木村さんが当選した。よかったよ」と報告したら、「山本太郎さん、なんで99万票も取ってて当選しないんだ？」と訊いてくるんですよ。「それはね、ドント方式というのがあってね」と言って、実際の数字を書きながら説明してあげた。そうしたら「ううん。なるほど」とうなずいていた。でも2、3週間たつと、また、認知症でもないんですけれども、ぽつんと「太郎さん、100万票近く取っといてなんで落ちたんだ？」と言うんですよ。「この前、教えたでしょ。舩後さんと木村さんで、相当、票を使ってるんだよ。

そういうふうに考えなよ」と、また説明すると「ああ、そっか。わかった、わかった」と。でも、納得したと思ったら、ついこの間も「太郎さん、100万票……」「いつまで言っているんだよ」と。

選挙が終わり、9月19日には東京電力の旧経営陣3人が原発事故で強制起訴された裁判で判決が出た。東京地裁の永渕健一裁判長は、被告である勝俣恒久元会長、武黒一郎元副社長、武藤栄元副社長に対して、全員無罪の判決を言い渡した。司法の判断を見て蓮池は、かつて自らも東電側で行政訴訟を受けて戦っていた人間として、この国はもはや三権分立じゃなくて三権融合だと断じるに至った。

蓮池　予想通りでしたよ。文言はないですけれども、東京電力の安全より経営という姿勢、それを事実上認めたわけですよ。要するに、いろんなものを想定していたら運転できない、つまり想定外ということを認めたのです。でもそういう認識の下で、今、稼働している原発がある。これでいいのかということですよね。あの判決というのは、東電のやり方をすべて肯定しているわけです。かつ、絶対安全というところまで要求していなかったと裁判長は居直っています。ということは、東電はお好きなようにどうぞと。事故になっても仕方がない、で済んでしまうという前例を作ってしまった。無罪というのは大体想像していましたけれども、あそこまであんな理屈をつけるとは……それで、地震予測の長期評価に信用性はないと言っていますね。何を根拠に信用性がないと言っているのか。裁判所は、従来から原発に関して技術的な部分に踏み込んだ判断はできない、しないと言っているんです。それなら、あなた方は技術的な見地から長期評価に信用性がないと判断したんですかと私は逆に聞いてみたいです。本当におかしいですよ。あの元幹部3人もおかしい。だって、山下和彦氏（中越沖地震対策センター所長）とか酒井俊朗氏（土木調査グループ）とかは、勇気ある、正義ある証言をしているのにですよ。そういう部下をおとしめてまで無罪になりたいかということですよね。すべて、三権が融合していますからね。だから、本当にだめです。オリンピックがあるし、その前に皇室の行事があるし、有罪にはしないだろうなとは思いつつも、あの理由の無罪はないだろうと思いました。裁判所が東電の経営状態まで心配してどうするんだと。

蓮池の戦いはまだまだ続く。落選はしたが、れいわ新選組から選挙に出たことを本当によかったと彼は心から考えている。

蓮池　私も無謀な抗《あらが》いだとは思っていたし、いろいろいやなことも言われたけれども全然、後悔していない。山本太郎と仕事ができたということ。忘れられないのは、あのときですよ。山本太郎が聴衆のヤジで「クソ左翼、死ね」と言われて「ありがとうございます。『クソ左翼、死ね』という言葉をいただきました」と返した瞬間。あれが芝居だとしても、普通、あそこまでできないと思う。「それが選挙戦の戦術だ」みたいに言う人もいますけれども、あの神対応は誰でもできることではありません。だって、（安倍首相に）ヤジを飛ばしただけで警察に連れていかれる人がいる中で、好対照ですよね。本当に私は選挙中も「山本太郎のためなら死んでもいい」と言っていましたから。

ベストスピーチ 6

東京大学 東洋文化研究所 教授

安冨 歩

YASUTOMI
AYUMI

1963年生まれ、大阪府出身。京都大学経済学部卒業。住友銀行などを経て、97年に『「満洲国」の金融』で京都大学大学院経済学研究科より博士（経済学）を取得し、第40回日経・経済図書文化賞を受賞。2009年より現職。18年、埼玉県東松山市長選挙に立候補して、落選。

「子どもを守るというのは、私のような人間を作らないっていうことです」

2019年 7月5日
東京・新橋駅SL広場

QRコードを
読み込むと、
スピーチの動画を
見られます!!
1:51:15〜

**この国の
生きづらさを
MAX振り切った、
カオスの頂点**

こんばんは。安冨歩です。昨日タスキをもらって今日気づいたんですけど、やすとみあゆ「む」って書いてありましたが、やすとみあゆ「み」なんですけども、これは親につけられた名前で、呼び方はやすとみあゆ「む」でした。それで2、3年前にですね、読み方を変えました。みんな割と知らないんですけど、読み方は住民票を単に訂正すれば済むだけで裁判とかいらないです。なぜ変えたかというと「あゆむ」って名前を呼ばれると、ドキッとすることに気づいたんです。なんかいやな感じがするなっていうことに気づいて、それからこういう格好をするようになったんで、男性的な感じのする「あゆむ」という名前よりも「あゆみ」という名前のほうが自分にふさわしいなと思ったので、「あゆみ」という名前に変えました。引っ越ししたときに名前の読み方「あゆみ」って変えたら住民票がそうなるので、それで銀行のキャッシュカードも全部変えられます。

パスポートだけが面倒くさくてまだ残ってるんですけど、外務省にいろいろ説明しないといけないそうなんですが、そのうち変えようと思ってます。「あゆみ」って名前に変えたらですね、名前呼ばれてもドキッとしなくなりました。なんでドキッとしないのかなと思ったら、「あゆむ」っていう名前は、母親に叱られる名前だったということに気がつきました。親とはですね、十何年か前に、私が離婚しようとしたときに猛烈に母親が妨害して、弟経由でもう「連絡してくんな」と言ったら、それきり連絡してこないんですね、うちの親は。なので一応振り切ったつもりでいたんですけれども、名前を呼ばれるたびにドキッとするっていうことを繰り返していたということに気づいて、本当に驚きました。

子どもの虐待っていうのは、私たちが普通に虐待と思ってるようなものだけではありません。私の両親は、私を立派に育てました。誰よりも立派に育てたと思います。彼らは必死で私を育てて立派な人間にしようとして、そして（私は）京都大学に入って、住友銀行に入って2年半で辞めたんですけど、で、大学院に入って博士号取って大学教授になって、最後、名古屋大学から東京大学の教授になるという、立派なエリートコースを歩んで、両親は私を立派に育てたんですが、でもその私は、虐待のサバイバーだと思ってます。

子どもを守るというのは、私のような人間を作らないっていうことです。私は、例えば京都大学に合格したときも、私が34歳で最初に書いた博士号を取った論文を本にして、日経・経済図書文化賞という賞を獲《と》りました。そういう賞のですね、受賞の連絡を受けたときも、東大に職を得たときも、これっぽっちもうれしくなかったんです。いつも私はそういったときには、ほっとしていました。その日経賞っていう賞は大体、とっても功成り名遂げた立派な先生が受賞するような賞なんですけれども、私は34歳のときにそれを受賞したんですが、本を書いて出版したときに、「この賞を獲らなかったら死ぬ」って思ってました。本当に怖くて、獲れなかったらどうなるだろうと思ったときに電話かかってきてですね。受賞したのでほっとしたんですね。

完全におかしいです。成功する人間というのは、そういう人間です。成果を上げなければば生きてる値打ちなんかないって、心の底から思ってるから成果を上げられます。東大や京大に合格するような勉強を、そんなことのために青春を捧げるのは、まともな人間には無理です。合格しなかったら死ぬって思ってるから、合格するんです。そんなふうに子どもを育てるのは虐待です。考えてみてください。この国はそういう学歴エリートによって指導されていいます。私たちエリートは怯《おび》えています。誰かに何かを言われるんじゃないかと思って、怯えています。特に、自分に力を振るうことの出来る人に叱られるのに怯えています。五十何歳にもなって、親から縁を切って十何年もたって、東大教授で有名人なのに、「あゆむ」という名前を呼ばれるだけで、私は怯えるんです。

そんな人間に社会を指導させたらどうなるか、想像してください。なぜ彼らは原子力発電所のような、最初から安全に運営することなど不可能なシステムを安全に運営できると信じられるのか考えてください。彼らは偉い人に叱られるのが怖いので、そう信じられるんです。そういう人々にこの国を任せてはいけません。怯えない人に、任せないとだめなんです。自分自身が自分自身であるということを受け入れてる人、自分がおかしいと思ったらおかしいと思える人、そういう人にしか重要な決定を任せてはいけません。

安倍さんは学歴エリートではないです。だけど、彼はもっとすごいエリートの家の出身です。そういう人々も怯えています。お母さんに叱られるのに怯えています。おじいさんの夢を実現できないと叱られるから、怯えてるんです。恐怖に駆られて決定を下す人に社会を任せれば、社会は滅亡に向かいます。

私たちが必要としているのは、怯えない、優しい、強い、そういう心を持った人々です。それは残念ながら、私はこのれいわ新選組の人々の中にもやはり私はいないと思うんです。なぜなら、私たちの世代は全員、殴られて育っています。私たちの親たちは、まだ子どもを殴る、そういうことが当たり前の世代でした。私の親は、私がアレルギー性鼻炎でぐずぐずいわしていると、「そんな弱虫だと兵隊に行けないぞ」と言って脅しました。世間が、万博とかやって浮かれているときにですね、子どもにそんなこと言う親はちょっとどうかしてるんですけども、彼らは昭和9年、10年（生まれ）なので、生まれたときには戦争が始まっていて、子ども時代のすべてを戦争の時代に育ちました。だから、父親は大きくなったら戦争に行って死ぬと信じていたと言っていました。おそらく母親は、大きくなったら男の子を産んで、戦場に送り出して戦死したらにっこりする、そういう靖国の母のモデルを体に染み込ませて育ったのだと思います。その恐怖が、私に埋め込まれています。同じ恐怖がおそらく、日本人の間に埋め込まれています。戦争は終わってはいません。

私たちは子どもたちを守らないといけません。さもないと、この国の戦争は終わりません。私たちの心に埋め込まれた恐怖心が、この発展した豊かな社会を生み出したんです。そんな恐怖心によって生み出された豊かさは偽物です。その豊かさは収奪によってしか成り立ちません。何を収奪しているのか。貧しい国の人々、私たちの社会の中の弱い人々、そして自然環境です。私たちの豊かさはこれらの破壊によって、その犠牲によって成り立っています。そのような暴力性を帯びた豊かさを味わってもおいしくないです。その味は苦いんです。だから私たちは、どんなに立派な家に住もうと、どんなに立派な都市に住もうとも、どんなに優れた製品を使おうとも心が空っぽになっています。

私たちが幸福だと感じるとき、私たちは幸福です。何かを手に入れても幸福にはなりません。そして恐ろしいことに、怯えに支配された人間は、何を手に入れても、何をやっても、何も感じません。暇つぶしができるだけです。暇つぶしをやめましょう。自分たちが何を食べているのか感じましょう。おいしいものを食べましょう。気持ちのいい家に住みましょう。楽しいことをやってください。そのための心を取り戻しましょう。そのためには、私たちは子どもたちに学ばないといけません。子どもを叱るのをやめてください。

子どもをしつける権利なんか大人にはありません。今日、私は阿佐谷（東京杉並区）で小学生3人とお話をさせていただきました。お腹が空いていてご飯が食べられない子どもがいるのに、学校に何百万円もかけて、ひとり当たり100万も200万もかけて学校運営してるんだと言ったら「何でそんなことするんだ」と、「まずお腹を空いた子にご飯を食べさせてから学校を作ればいいじゃないか」と、小学生は私に言いました。「なんでそんなことするの？」と聞かれました。「大人が狂ってるからです」。私は答えました。私たちの狂気を今日断ち切って、子どもたちを守って、本当に楽しい社会を今作りましょう。

インタビュー6

「政治の原則を『富国強兵』から『子どもを守る』に変えないといけない」

東京大学
東洋文化研究所　教授

安冨　歩

取材・構成
雨宮処凛

写真／住友一俊

1989年5月、天安門広場に集まる
学生の群れに京大の大学院生だった
安冨氏は紛れこんでいた（写真上の左端）。
このとき見た光景が、
安冨氏のすべての思考の基盤になっている。

誰も見たことのない選挙をしたい

6月27日。蓮池透氏の次の候補者として発表されたのは、東京大学東洋文化研究所教授の安冨歩氏だった。2018年には埼玉県・東松山市長選に立候補。馬やちんどんミュージシャンとともに繰り広げた前代未聞の選挙戦が大きな注目を集めた「女性装の東大教授」。スピーチにもあるように、京都大学から住友銀行に入行、東大教授にまで上り詰めたというエリート中のエリートである。ところが、安冨氏はたびたび湧き起こる自殺衝動に長らく悩まされてきたという。そんな安冨氏が「解放」された転機のひとつが、離婚。それと同時に両親とも絶縁すると、自殺衝動は消えたという。2013年から始めた「女性装」も安冨氏を大きく変えたようだ。「男らしさの呪縛」から解放されたのである。トップエリートにまで上り詰めた人が、自らの生き方を見直し、変えることは稀《まれ》だろう。しかし、安冨氏は自身の気持ちと向き合い、生き方を変えていった。その姿が多くの人に勇気や気づきを与え、著書も多数出版、多くのファンがいる。

参院選の出馬会見の席で、安冨氏は膨大な知識に裏打ちされた言葉で軽やかに現代社会を分析し、今の日本を「豪華な地獄」と表現した。そうして政治の原則を「国民国家システムの維持」から「子どもを守る」に変えるべきだと主張した。山本太郎代表からの誘いについて、「〝渡りに船〟っ

て感じだから乗ったということです」と述べた安富氏に話を聞いた。

安冨　太郎さんから話があったのは、出馬会見の2週間くらい前、6月14日ですね。「話を聞きたい」って。でも、お互い日程がなかなか調整できなくて、そうしたら「メールで申し訳ないですけど、選挙に出てくれませんか」って（笑）。さすがにそれだったら会わないと、ということで6月18日になんとか時間を作って会うことになりました。こちらからは、基本的な考えをお話ししました。19世紀に作られた「国民国家」システムは機能しなくなっていて、まず政治の原則を変えないといけないと思っている、政策をいじったくらいでどうにかなる次元じゃない、政治の原則を経済成長ばかりを重視した「富国強兵」から「子どもを守る」に変えないといけない、という話です。だから「れいわ新選組の政策に賛成してるわけじゃないし、別に反対でもない」って言ったんです。そうしたら太郎さん、「全然いいです」みたいな（笑）。そういうことなら出ていいかなって。

選挙に出るにあたって2点、交渉しておきたいことがあった。

安冨　誰も見たことのない選挙をしたいと言いました。音楽を演奏したり、馬を使ったり。でも馬には輸送費や人件費など結構なお金がかかる。馬交渉がすごく大事で（笑）。見積もりをとったんですが、馬にかかるお金は「れいわ新選組の予算から出すのは無理」ということで、自分で政治資金の寄付を募りました。結局、６００万円集まりました。もうひとつの交渉は、原一男監督です。原監督が東松山の選挙の後、「もう一度出るならぜひ映画を撮りたい」って言っておられたから、選挙中、撮影していいかという交渉をしました。私にとっても撮影は重要なことでした。誰も見たことのない選挙を記録してもらって、多くの人に知ってもらいたかったんですね。

出馬にあたっての交渉が「馬」と「原一男」。常々、れいわ新選組は政党より楽団や劇団に近いという人もいるが、それは安冨氏の存在によるところが大きい。さて、すべての折衝が済んで、安冨氏の出馬が正式に決まったのは出馬会見2日前の6月25日。それにしても、なぜ安冨氏は選挙に出る決意をしたのだろう。

安冨　政治って、やっぱり選挙なんですよ。特に一般市民にとっては政治家なんて何年かに1回、2週間くらいミンミン鳴いて去っていく蟬《せみ》みたいなもので、どういう鳴き方をするかが政治なわけでしょ？「政治に関心がない」って言うけど、正確に言うと「選挙に関心がない」んですよ。例えば、政治家は「消費税が上がったら生活が大変でしょ」とか言うんだけど、みんな日常生活にまみれてて、実はそんなことどうでもいい。選挙というエンターテインメントが、映画とかゲームに負けている。だから選挙が面白くないといけない。太郎さんも言ってることですが、選挙が面白くなれば、投票率が上がる。投票したら、政治にも興味が出てくるわけですよね。でも今は、公職選挙法にのっとって、タスキをかけて「よろしくお願いします」って手を振ってるだけだからつまらない。政治改革には、選挙を面白くすることが不可欠だって私は前から主張していたんです。三宅洋平とかマック赤坂とか外山恒一は先駆的な政治家だ、と言っていた以上、自分でもやらなきゃなって思ってました。

それから、あまり知られていないことですが、2004年に国立大学が、国立大学法人化され、国立大学の大学教員は、有給を取れば選挙に出られるようになりました。アメリカやヨーロッパでは、大学教授をやりながら国会議員をやっている人はたくさんいるんですね。日本では、選挙に出ること自体難しかった。だけど、せっかく国がお金を出して大学で知識人を養成しているんだから、大学教員にも政治をやらせろよっていうのが私の考えです。大学教授は兼業や休職の形態で、国会議員や地方議員や地方の首長になるべきです。そしてまた大学に戻ってきてもいい。そういう形で社会に貢献するとともに、世間のありさまを、学ぶべきだと思っていたんです。そんなことも考えていたので、2018年、埼玉・東松山の市長選挙に出てほしいと言われて出たんです。それが楽しかったので、もう一回やってもいいかな、と思っていました。でも、市長選挙では供託金が100万円、参院選比例区なんか600万円もかかる。それはちょっと無理だなって思ってたとき、ちょうど太郎さんから私を「擁立したい」という話があったんです。

雨乞いに日本は何十兆円も使っている

そうして選挙が始まった。安冨氏の選挙は、氏が言う通り、本当に「誰も見たことがない」選挙

だった。馬を連れて闊歩《かっぽ》し、時に道ばたに座り込んで子どもたちと話し合う。音楽隊とともにピアニカやヴァイオリンでひたすら演奏会を繰り広げる。どこに行っても子どもたちが安冨氏に近づいてくる姿が印象的だった。

安冨　子どもとはいろんな話をしました。「学校好きですか？」って聞いたり。「好き」って言うんですよ。「じゃあ何かいやなことない？」って聞いたら、「宿題多すぎる」って。「宿題あるのとないのとどっちがいい？」って聞いたら「ないほうがいいに決まってる」って。「じゃあ私が国会議員になったらなくすよ」みたいな話をしました。子どもたちが近づいてきていろいろ話してくれるのは、私が子どもを子ども扱いしないからじゃないかな。

選挙中、マイケル・ジャクソン『スリラー』のフラッシュモブも開催した。ゾンビメイクにゾンビ衣装の数十人が突然銀座の歩行者天国に現れ、『スリラー』に合わせて完璧なダンスを披露したのだ。かつて公職選挙法をここまで自由に使った人がいただろうか？

安冨　日本各地に、マイケルのダンスを練習しているグループがあるんです。そのひとつのグループに、「選挙に出るんだけど、やらない？」って言ったら「やる」って、40～50人くらい集まってくれたんです。

そんな安冨氏に、ともに選挙を戦った山本代表の印象を聞いてみた。

安冨　全部自分で考えて、自分でやる人ですね。そして思ったことは言う。現代の政治家でそれができる人はほとんどいない。みんないろんな忖度をしていて、自分の信念だけで動いているわけじゃない。太郎さんは、彼が信じてやりたいことをやろうとしている。それをやることに対して責任を持つ覚悟があるということもよくわかる。本当は政治家って全員そうじゃないといけないんですが、信念の欠片《かけら》もないのに政治家、国家議員になりたいだけの人が多い。政治家であるための最低条件を満たしている数少ないひとりが太郎さんだと思います。

出馬会見で、安冨氏は今の日本がやろうとしていることについて「雨乞《あまご》い」と表現した。この言葉は大きな反響を呼んだ。

安冨　高度経済成長の本質は、引っ越しなんですね。昭和30年度の日本のひとり当たり国民所得は7万6125円でした。田舎だと年間数万円しか使いませんでした。田舎で年間数万円で生きてた人が、都会に出てきて生きていくのに数十万円使うようになると、たとえ生活水準が同じでも、その人をめぐる経済は10倍増える。毎年、たくさんの人がこういう引っ越しをしたら、国民所得は見かけ上、どんどん増える。これが高度経済成長ですね。以上です（笑）。日本の引っ越しが終わったあとには中国の引っ越しが始まって、これが30年続いたので世界経済はもっていますが、まもなく中国の引っ越しは終わります。ですから、私たちが「経済」と思っているものはまもなく終焉する。日本はその引っ越しの過程で東京タワーを建てて、新幹線を敷いて、オリンピックをやって、万博をやったんです。そして今、スカイツリーを建てて、リニアモーターカーを敷いて、再びオリンピックをやって、万博をやったら、もういっぺん、経済成長するなんて信じている。そんなの雨乞いです。その雨乞いに日本は何十兆円も使っているんです。

唯一の解決方法は子どもをすべての暴力から守る

山本代表はその「雨乞い」である2020年東京オリンピック開催に、722人の国会議員のうちただひとり反対している。13年10月15日、オリンピック・パラリンピック成功に向けた努力を政府に求める決議の採択でのことだ。安冨氏と出会うことは必然だったのかもしれない。最後に、安冨氏に改めて「子どもを守る」というシンプルな大原則を掲げた理由について聞いてみた。

安冨 離婚するときに、自分が妻からモラル・ハラスメントを受けているということを知ったんですね。ハラスメントという問題を考え始めたら、これが現代社会の問題の根幹だとわかりました。ハラスメントの本質は、暴力が隠蔽《いんぺい》されて、「正しいコミュニケーション」のフリをしていることにあります。現代社会は、露骨な暴力をさしひかえ、隠蔽された暴力を振るいます。そのほうが効率がいいからです。つまり、コミュニケーションのほとんどが、ハラスメントによってできているのです。これが私たちの社会の特徴であり、それを私は「豪華な地獄」と呼んでいます。これをなんとかしないといけないと思って、十数年前、すべての研究を「どうやって人間のコミュニケーションを回復するか」にシフトしました。そのときに考えないといけないのは、自分自身の問題。自分自身が隠蔽された暴力の中に取り込まれ、隠蔽された暴力を振るうことを当然だと思いながらこの問題を研究することは絶対にできないので、自分を回復しないといけない。その結果として女性装をするようになったり、絵を描いたり、音楽をしたり、馬に乗るようになったんです。そうして生き方、考え方を変えていった。その中で痛感したのは、大人が生き方、考え方を変えるってどれだけ大変かってことです。結局、私はそれで離婚し、親と縁を切り、子どもとあまり会えなくなり、慰謝料を取られて、と莫大なコストがかかった。アホだからやりましたけど（笑）、なかなかできないですよね。大人になってしまったら、治そうと思ってもなかなか治らない。

唯一の解決方法は、子どもをそうしないこと。子どもをすべての暴力から守る。じゃないと、ハラスメントに満ちた社会を正常な社会にしていくことはできない。でも、大人が好き好んで子どもに隠蔽された虐待を加えているわけではなく、社会に適応できるように育てようとして、やってしまっている。つまり、社会システムの再生産のために誘導されて、子どもに隠蔽された暴力を、「良かれと思って」振るっているんです。そうすると、社会のあり方をどうするか、という問題、つまり政治を避けては通れない。そもそも社会というのは、子どもがいなくなるとなくなります。すべての動物は子どもを増やそうとしますが、哺乳類は子どもを産む数が少ないから子どもを守ろうとするわけで、それが成功したから人類はこんなにいっぱいいる。必死に子どもを守ってきたから増えている。だから社会の目的は子どもを守ることだというのは動かしがたい原理ですよね。

だけど、私もいろいろな分野の研究をしてきましたが、社会の目的は「子どもを守る」ことだって話は聞いたことがない。これは不思議なことです。恐ろしいことに、日本の子どもの自殺率は世界一です。社会が隠蔽された暴力で満ちているので、ガチで子どもを虐待する親も出てくる。直接殴ったりせず、子どもを死に追いやる親もいる。そういう恐ろしいことをやめないといけない。いやがる子どもを学校に行かせたり、殴る教師がいるのに部活に行かせたりなんて、どう考えても狂っている。これからの社会システムを考えていくのは次の世代の子どもたちです。今、私たちが生きている国民国家っていうシステムは、19世紀にできた完全に時代遅れなものなんですね。電話も車もない、鉄道しかなかったような時代にできたシステムです。これからはインターネットの時代に合うような社会システムを考えないといけなくて、それを子どもたちに考えてもらうしかない。それに賭けるしかないので、子どもを叱るとか、ふざけんなと思うわけですよ。なんで世界を救えない奴が、救うかもしれない人を叱ったりするんだよって（笑）。ですから子どもを守るということ、それを政治の判断のすべての基礎に置く。それを思い出すことが、私たちの社会を生きづらさから解放し、現代の危機から救い出す唯一の道だと思います。

ベストスピーチ 7

元銀行員、元セブン-イレブン・オーナー

三井義文

MITSUI
YOSHIFUMI

1956年生まれ、熊本県出身。明治大学経営学部卒業。住友銀行に入行し、インドネシア現地法人監査部などを経て、早期退職。千葉県内でセブン-イレブンを開業。9年目に本部から契約解除。現在は、軽量貨物運送業。著書に『コンビニオーナーになってはいけない』（旬報社）がある。

「目立たなくても一生懸命やる。この日本人の『心』をコンビニが壊した」

2019年 7月3日

東京・新宿駅西口

「れいわ新選組
ボランティアの集い」

QRコードを
読み込むと、
スピーチの動画を
見られます!!
31:17〜

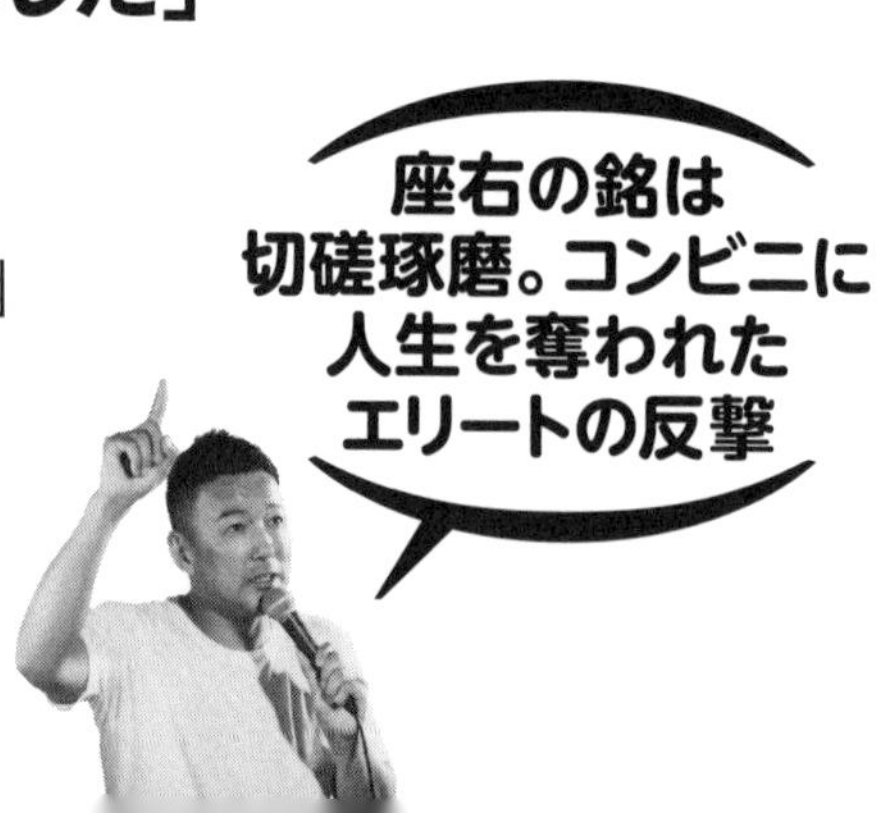
座右の銘は
切磋琢磨。コンビニに
人生を奪われた
エリートの反撃

こんにちは。いやあ、こんなにいっぱいいらっしゃるとは、すごいですね今日は。いやあ、こんなとこでしゃべるの初めてです。心臓ドキドキしてます。

私は元銀行員でした。27年、海外生活が15年もあったので、非常にいい人生を送ってきました。実をいいますと、贅沢《ぜいたく》でした。ただ、やはり自分が名刺で仕事するのはいやだなと思って、銀行を辞めた。で、きっかけとして、コンビニを始めた。実をいいますと、今、年金問題ありますけど、私、銀行時代に年金じゃ生活できないと本当に思ってました。だから、「あなたも少額でオーナーになれます」っていうコンビニ、これやれば、定年ないんだから一生細々でも生きていけると思ったんですが、その中身を知って、本部に質問と説明を求めたら、契約解除になっちゃいました。私の人生、変わっちゃいました。

しかしながら、一度見たもの。これ、私だけでは済まされないっていう気持ちが、ものすごく強くなりました。皆さん、24時間３６５日、今、当たり前だと思ってますでしょ。しかし、そこに働いてる人、生身の人間です。かつ、私は銀行員時代に、本当に恵まれた生活をしてたから、見えてる人はだいたい背広着てたりしてましたけど、コンビニやった途端、もう世界が一変しましたね。我々の大事なお客さんは、汗水たらして朝も来る、夕方も来る、体張ってる人たちばっかりだったんですよ。私、それが現実だって初めて知りましたね。銀行終わって。

私これは、自分の家計はガタガタになったけど、人生は豊かにしてくれたと思ってますから、コンビニに本当に感謝してます。そこでわかったのが、24時間365日、オーナーとか店に働いてる人だけの問題かっていうふうに思われるかもしれませんけど、店を支えるのに、どれだけの人が関わっているのか。要するに、まず大事なのは、運送の人たちが、彼らが必死に働いていることを、皆さんあまり感じないですよね。ところがあの人たちだって全然給料上がってないっていうのは、だんだん会話するうちに聞こえてきます。で、彼らも文句言ってるんですよ、会社に。そうしたら配置転換で職を失ってます。平気で。コンビニ本部が、その配送会社の別会社の人事にまで口出ししているということがわかりました。

あと、見切り販売っていう、食べ物を廃棄しなきゃいけないって話。私もあれは本当にきつかったですよ。だって食べられない人、私、(銀行員時代は)発展途上国行ってたから。あの人たちは日本に輸出する米を、彼らが(自分たちで)食べるものは質の低いほうを食べて、いいものだけを日本に輸出してる姿を見てきてましたから。なのに日本に来たら、作ったものは十数時間置いただけで平気で捨てられてるんで、彼らに見せられないですよね。で、私がいろいろコンビニの問題をやってたら、工場の人がふっと現れまして「見切りについて、いろいろ運動していて頭が下がります」と。「私らも、必死に作ってるのが、ただ捨てられると思うと心苦しいんです」って言われました。こういうこと、私は本部とね、ちゃんと話したかったんですよ。でも、こういう不都合なことは彼らは話したくない。契約解除する。日本だけが、フランチャイズというものの法律を作らせないように政治も今までやってきて、いまだにまだ作らないっていうんですから。

私、日本という国を、海外から見ました。本当に、日本のこの質の高い生活。底辺の人たちが真面目にやってますよね。（着ているジャケットのボタンを触りながら）このボタン一個。ボタン一個、全然割れないじゃないですか。海外行くと、こんなのすぐ割れるんですよ。でも、これが「日本人の心」なんですよね。どんな目立たなくても一生懸命やって、この「心」を私、コンビニが壊したんじゃないかと思ってます。私はね、日本の物もね、大事にしないといけない。私のおばあちゃんが小学校のとき、言ってくれました。まだ100くらいまで数えるのがやっとの頃。ご飯を残すとだめだよ、と。お米残したらだめだよと。お米っていう字、わかるかな。これは「八十八」って書いてね。88回、手を加えないとできないんだよ。よしふみ、お前、88まで数えてごらんっていったら、数えきれないですよね。

だから、そういう「心」は日本人、持ってたはずなんですよ。なんで食べ物を無駄にするんですか。今回のことで私は訴えたいのは、本当、日本人は、日本人の心を、もう一度思い起こしていただきたい。それと、私が大嫌いな言葉「勝ち組・負け組」、そんなもの絶対ないですからね。いいですか。誰も勝ってないし、誰も負けてない。だいたい勝ってるやつに言いたいよ。あなたの洋服、誰が作ったんや。今、食べてるビーフステーキ、誰が牛を育ててきたんだよ、と。全然わかってないと思います。

明治時代に（competitionという英語が）入ってきて、福沢諭吉が競争という言葉を作ったことは、皆さんご存じですかね？　日本には（もともと）ないんですよ？　競争という言葉は。日本にあったのは、切磋琢磨《せっさたくま》なんです。切磋琢磨は競い合って、優れたものが劣ってる人を、下から底上げして、一緒にまた伸びようという意味ですから。私、これ、全世界に誇れる言葉だと思いますので、今回の選挙を通して、世界にも発する言葉を、私は切磋琢磨にしたいと思いますので、どうぞよろしくお願いします。

インタビュー7

元銀行員
元セブン-イレブン・オーナー

三井義文

取材・構成
雨宮処凛

「強いものが弱いものを食い物にしないために、両方がウィンウィンになる法律を制定しないといけない」

コンビニオーナー時代の三井氏。YouTube「たたかうコンビニ店長、三井さんが閉店」(土屋トカチ監督)より

コンビニ問題を公の場で、いろんな人に伝えられる

2019年、コンビニを巡って大きな動きがあった。これまで「当たり前」と思われていた24時間営業を見直す動きが広がったのだ。その背景には、長時間労働と人手不足に喘《あえ》ぐコンビニ店主たちの切実な要望があった。過酷なコンビニの実態について、長らく声を上げてきたのが「コンビニ加盟店ユニオン」だ。同ユニオンは、24時間365日営業強制の廃止、加盟店を守るフランチャイズ法の制定などを掲げて戦ってきた。れいわ新選組候補者のひとり、三井義文氏は同ユニオンの副執行委員長で千葉支部長を務めてきた。そんな三井氏は、なぜ出馬を決意したのか?

三井　50歳で銀行を辞めて外資系企業で勤めたあと、2007年5月にセブン-イレブンのオーナーになりました。店は千葉県佐倉市内です。ホームページで「240万円でオーナーになれます」っていうのを見たんですね。これくらいの金額でできるんだって、説明会に行きました。セブン-イレブンを選んだのは、業界で一番だったからです。説明会では「アルバイトは必ず見つかります。オーナーさんは店を見に来るだけでいい」って言われました。

でも、実際はそんな簡単なもんじゃありません。最初の日から24時間近く働きました。一番忙しいときで、月の勤務時間は420時間。平均しても残業は180時間。家族経営でやればいいと思

ってうちの家内を巻き込んだんですけど、彼女でさえ、300時間前後の勤務時間でした。それだけ働いても、収入は夫婦ふたりで年300万円。退職金はどんどん減っていきました。これはおかしいと思って、コンビニを始めて1年過ぎた頃から周辺のオーナーに声をかけたりして、2009年8月にコンビニ加盟店ユニオンを立ち上げました。多いときで300人のオーナーが加入していました。私がコンビニを閉店した16年までユニオンの活動を続け、その後は運送業をしながらコンビニ問題を訴えています。

三井氏が、知人から「山本太郎が会いたいと言っている」と要請を受けたのは2019年6月後半。政治家に「コンビニ問題を聞きたい」と呼ばれることは今までもあった。今回もそういうことだろうと当時、東京・四谷にあったれいわ新選組の選挙事務所近くで会ったのが6月27日。喫茶店で落ち合って10分、タブレットを打っていた山本代表が「すみません、人がいるんで声出せないんですけど、これを見てください」と画面を三井氏に見せた。そこには「れいわ新選組の参議院議員の選挙に出てください」という言葉があった。

三井　それを見て、「本当ですか？」「え、本当なんですか？」って2回くらい聞いたら、「本当です」と。私は「ちょっと持ち帰らせてください」って。その日、運送の仕事を受ける予定だったんですけど仕事は受けないことにして、とにかく家に帰ろうと。ユニオンの仲間に相談したら、「やめろ」と言う人もいました。でも「この動画を見てごらんよ」って言ってくれた人がいて、太郎さんがれいわ新選組を作って最初の全国キャラバンで、小倉（福岡県北九州市）に行ったときの動画ですね。聴衆に「ひとりで何ができるんだ」って言われて、涙ぐみながらスピーチした動画です。それを見て、こういう人を自分たちは探していたんだと思いました。それから太郎さんの動画を見まくりました。

それでもまだ結論を出せずにいたんですが、一度、生で街宣を見てみようと思い、6月29日、千葉の茂原でやっていた街宣に行きました。直に聞いて、目から鱗《うろこ》でしたね。消費税の「廃止」まで言うかと。小売業をやっていると本当にきついんですよ、消費税。もうひとつ演説を聞いて、ロストジェネレーションのことを思い出しました。考えてみたら、うちにもそういう人がバイトに来てたよなって。そんなロスジェネを公務員にしようっていう提案も目から鱗で。それで「本物の好景気を見せてやる」って言っている。その日の街宣のあと、太郎さんに「出ます」と言いました。そしたら「ありがとうございます。じゃあ7月1日に記者会見します」って、その場で言われました。「はあ?」って（笑）。れいわって外資系企業みたいだなと思いました。外資系ってそんな感じなんですよ。どうして決意できたかというと、議員になりたいんじゃないんですよ。コンビニ問題を公の場で、いろんな人に伝えられる。自分が今までこの問題に取り組んできて、これをやらないって言ったら一生後悔するだろうなと思ったというのが本音です。

コンビニオーナーを始めてから知った世の人々の姿

そうして選挙が始まった。といっても「走りながら考える」山本太郎率いるれいわ新選組は常にバタバタである。公示日前日の7月3日、重大なことが発覚した。熊本にある三井氏の戸籍謄本がまだ届いていなかったのである。全員分の書類をそろえて出さなければ選挙運動どころか、立候補の届け出さえできない。

三井　「戸籍謄本を出してください」とは言われてましたけど、いつまでとは言われてなかったですし、頭の中は次に喋《しゃべ》ることでいっぱいだし。熊本の役所に送ってもらう手配はして速達で出してもらっていたんですけど、それでは選挙初日に間に合わないと。結局、太郎さんの秘書の方が飛行機で熊本まで取りに行ってくれました（笑）。もう少し気を回しておけばよかったと思いましたね。候補者の中には、初日の午前中に何もできないことに文句言ってた人もいたらしいけど、私はずっと黙ってました（笑）。

そうしてなんとか届け出を済まし、7月4日午後、れいわ新選組の選挙が始まった。選挙中、三井氏は東京を皮切りに福岡、広島、岡山、京都などを回って街宣をし、7月11日の「セブン-イレ

ブンの日」には、セブン-イレブン本社前で午前11時から午後7時までの8時間、ぶっ続けで街宣をした。三井氏を動かしているのは自らの過酷な経験だけでなく、コンビニオーナーを始めてから知った世の人々の姿だという。

三井　朝4時から作業服着て、昼の弁当を買いに来る。夕方には汗まみれ泥まみれになって、今度はチューハイを買いに来る。昼間はご老人たちがゆっくり買い物をして、夕方になれば塾へ行く子どもたちが来る。これが日本の姿だと思いました。銀行員だったらそういうことはわからなかった。

コンビニでは万引きも起こります。それが子どもたちのちょっとした出来心での万引きなら、まだ心を痛めない。でも、ある日万引きしたのは、年金生活のおばあさんでした。菓子パンふたつだったかな、バッグの中に入れました。万引きは犯罪だし、周りの人もそれを見て指摘しているから、私は一応、警察の人に来てもらいました。そうすると1時間ほどたってから、警察の人が言いました。「オーナーさん、あのおばあさん、起訴しないでいいですか？　生活が苦しくてやったみたいで」って。甘いものが欲しくなったんでしょうね。やっぱり年金だけではおやつになるようなものは、なかなか買えなかったんでしょうね。

一方でコンビニでは、売れ残った食品はまだ食べられるのにどんどん廃棄していく。見切り品として安く売ろうとしても本部は許さない。そういう現実を見て思いました。日本はおかしいって。

災害への対応で、コンビニ本部に疑問を感じることもあった。

三井　店を始めて1年目、大型台風が来たときのことですけど、店の横には何度も氾濫している川があって、警報も出ていたんです。そのとき、本部の担当者が来て言ったのは、「オーナーさん、ここの地区を最後に離れるのはオーナーさんになってくださいね」って。「どうして?」って聞くと、「あとでオーナーさんがここに最後まで残っていたっていうのがいい宣伝になるから売り上げが上がりますよ」って。でも、夜になると雨が激しくなってくる。消防団の人が店の駐車場に来て、「ここで待機していいですか」って言うから「いいですよ」って言いました。雑談のつもりで、「セブン-イレブンは24時間365日営業。地域で最後に逃げるのはオーナーさんって言われているから、危なくなったら教えてくださいね」って言ったら、「とんでもない。そんなときはすぐ逃げてください。まだいると私らが困ります。それに私らは訓練してるんですから」って。「ああ、そうだな」と、言われて初めて気づきました。

２０１９年9月の台風では、千葉の自宅も停電しました。セブン-イレブンのマニュアルには、「停電時の店の運営」についてこう書いてありました。自分の車のヘッドライトを店側に当てて手書きでレジをしてくださいと。さすがに今は削除されてますけど、店は絶対、閉めちゃいけないと当時は思っていましたね。

朝なのか夜なのかわからなくなっていた

コンビニはいつからか「社会インフラ」としての役割も期待され、2018年、北海道で地震が起きた際には地元コンビニが停電でも営業したことが「神対応」などと称賛された。その背景には会社側が非常電源キットを各店舗に配布していたことがあった。が、そんな準備もない上、特別な教育、訓練もないまま「とにかく最後まで残れ」というのは危険すぎる。災害の規模によっては一刻も早く逃げるべきだ。

三井　2011年の東日本大震災が起きたとき、宮城でオーナーをしていた人は、店が津波に襲われました。バイトとふたりで働いていて、津波が来るという話もあったので、お客さんを帰した。ただ、宮城の本部からは店を閉めていいという連絡もないのでバイトの人にはいてもらった。そこに津波が来て、バイトの人はレジカウンターの上に、オーナーはコピー機の上に一晩いたそうです。声をかけ合って励ましあいながら夜を明かしたといいます。朝になり、水が引いて助かったということです。その後、自衛隊や警察が行方不明者を探していて、そのオーナーに言ったそうですよ。「セブン-イレブンのユニフォームを着た遺体を見つけると『よかった』と思う」って。制服を着ている人だと身元がわかりやすいからだそうです。

東日本大震災が起きたとき、私はすぐ千葉の本部に電話したんですよ。そうしたら本部社員には避難指示が出ていました。あとで聞いた話ですが、震災の現場では心ある宮城の本部社員は自分の担当の店に行って「オーナーさん、すぐ逃げてください」と言って回っていたということです。あのとき、「店を閉めちゃいけない」という思いで逃げ遅れた人もいたんじゃないでしょうか。

長年コンビニ問題を訴える中で、「今、青木ヶ原樹海にいます」というメールが来たこともあるという。

三井　驚きましたね。自分の店が人手不足でもう限界だと。「一旦閉めたい」と言っても、本部は許してくれなかった。ある日、やっと家に帰れると思っていたのに、バイトが来られないことになって、朦朧《もうろう》としたまま富士の青木ヶ原に来た。ネットでコンビニ加盟店ユニオンを知って連絡しましたと。当時のユニオンの委員長と協力して慌ててその方に電話して、家族とも連絡を取って警察に保護してもらいました。どうして加盟店がここまで追い込まれなきゃならないのか。コンビニオーナーは身体を壊したり、うつになる人が多いんですよ。税金を払うために借金して、借りるところもなくなって家族もバラバラになって失踪した果てに亡くなった人もいます。私も店をやってるときは、従業員から電話が来るのが恐怖でしたね。大半が「今日、出られません」って電話だから。それ聞くと、今日は寝られないんだなって思うわけです。

私がコンビニを辞めることを決断したのは、あるときパッと起きて時計を見て「まずい、遅刻した！」とものすごい恐怖心を感じたときです。だけど遅刻ではありませんでした。時計は6時を指していたんですが、朝なのか夜なのかわからなくなっていたんです。それで、かみさんにもう無理にシフトに入るのはやめようと。

結局、営業開始から9年目で契約を解除された。三井氏がマスコミに出て活動していたことが原因だったらしい。もともと15年契約だったのが途中で解除されたわけだが、辞める際、残り6年分の契約分チャージなどと称して3000万円を要求されたという。それに対し、三井氏が計算根拠と明細書を要求すると、急にセブンイレブン側の態度が変わり「合意解約書」にサインすることで3000万円はチャラになったそうだ。コンビニの「闇」を感じるエピソードである。

三井　私がずっと訴えているのは、フランチャイズ法の制定です。本部が加盟店に対して圧倒的に有利な立場で契約を結んでいる。強いものが弱いものを食い物にしないために、両方がウィンウィンになるような法律を制定しないといけない。これに私は、憲法25条（すべて国民は、健康で文化的な最低限の生活を営む権利を有する）を履行することを入れたい。

「いかなる契約をしたとしても、憲法25条に違反するものは守る義務はない」

強いものが弱いものを道具としてしか見ないような状況を、変えていきたいと思っています。

インタビュー 7　三井義文

ベストスピーチ 8
環境保護NGO職員

辻村千尋

TSUJIMURA CHIHIRO

1967年生まれ、東京都出身。東京学芸大学修士課程修了。日本自然保護協会保護室室長。小笠原諸島の自然保護問題や、リニア中央新幹線による自然破壊、辺野古の埋め立て、森林を破壊するメガソーラーなど、自然との共生とはいえない各地の保護問題の解決のために活動中。

「日本1個分の暮らしをしましょう。これをぜひ僕の名前より広めてください」

2019年 7月6日
東京・新宿駅東南口

QRコードを読み込むと、スピーチの動画を見られます!!
1:06:38〜

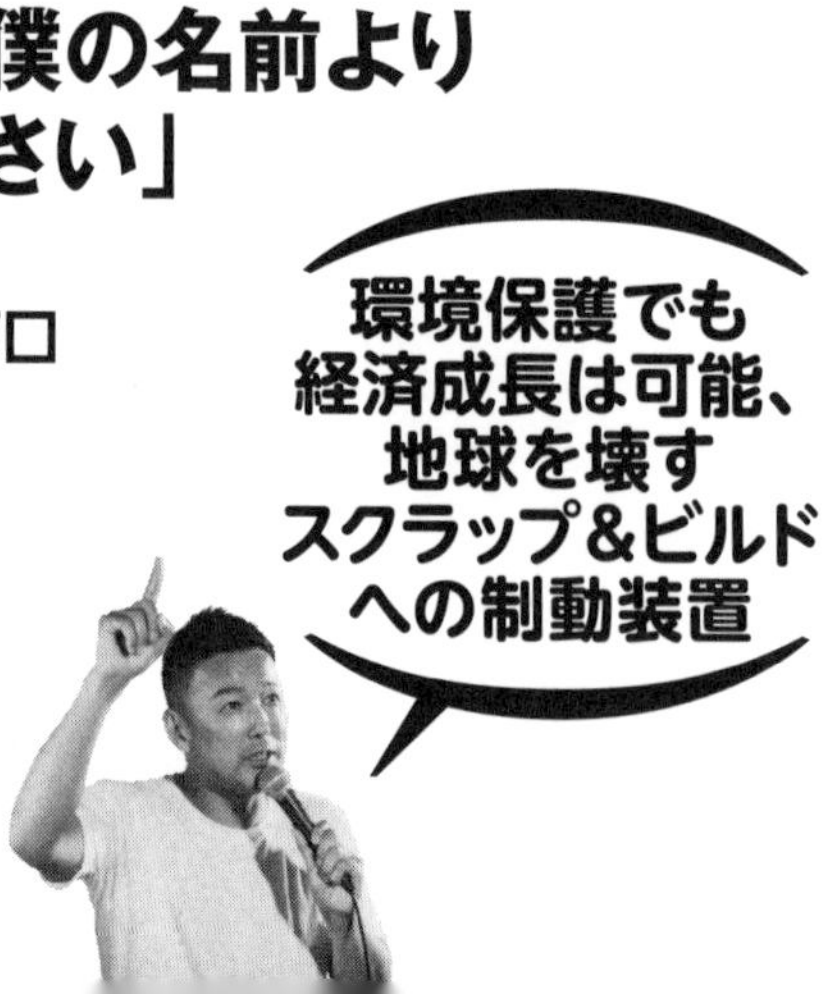
環境保護でも
経済成長は可能、
地球を壊す
スクラップ&ビルド
への制動装置

皆さんこんばんは！　時間が押してます。巻けと言われてますので、ちょっと今日は、短めにいきたいと思います。私は自分の政策として、いつも掲げてるのは、日本一個分の暮らしをしましょう、ということです。日本の大地、日本の土、日本の緑、日本の森、日本の海、その恵みで日本人が生きていく、そういう自然とのつながりを取り戻したい。それが僕の政策です。必ずできると思っています。

そのためには第一次産業、農業もそうです。漁業もそうです。それから林業もそうです。これをきちんと立て直す。大規模な企業がやるようなものじゃなくて、ね、漁業の漁師のおじさん、林業の山のおじさん、農家のおじさん、おばさん、こういう人たちが、普通に毎日、せっせと丹精込めて作る作物を、僕たちは楽しむべきなんです。外国からなんでもかんでも手に入る。こういう搾取をする文化。搾取をする経済。もうやめませんか？　日本一個分の暮らしです。これをぜひ、僕の名前より、広めてください。

えっと、もうひとつお話をします。本末転倒という話です。僕は、辺野古の海も守りたいです。あそこにはジュゴンが生きていた。でも、残念ながら、埋め立て工事が進んで、あそこの海はどんどん悪くなっている。でもその沖縄は今、世界自然遺産を目指しているんですよ。世界自然遺産です。で今、土を埋めているのは沖縄の中で移動していますけど、今度、次、奄美大島から持っていくんです。そういう計画があります。奄美大島、ここも世界自然遺産を目指してます。おかしくないですか？　世界自然遺産っていうのは、世界中に、ここの自然を僕たちは、ずっと孫の代まで守り続けるという約束なんです。その約束を、指定をしようというところで、なんであんな自然破壊が起きるんでしょうか。おかしくないですか？　本末転倒じゃないですか？　そういうこともやめたい。

それから、日本の自然、森、そういったもの伐開《ばっかい》して、そうやって作る再生可能エネルギーって、持続可能ですか？　違いますよね。再生可能エネルギーは、もっとほかでできる場所がいっぱいある。例えば遊休農地。休んでる農地。例えばソーラーシェアリング。そういった技術があるのに、なんで山を削るんですか。その電気は誰が使うんですか。僕たち都会人です。田舎で、林業を細々とやってきて、苦しいっていう人たちの土地を、安く買い叩いて、都会の利便性を高める、こんな本末転倒なこともやめませんか。

誰ひとり悲しまない、誰ひとり苦しまない、そういう社会にしませんか。それが実現したとき、僕は自然保護が実現すると思っています。ぜひ、ぜひ、力を貸してください。ぜひ、国会に送ってやってください。で、僕が胡散《うさん》くさいと思う人は、全国比例山本太郎と書いてください。もし興味があって、ああ、こういうやつを送り込んでみたい、名前を書きたいと思ってくだされば、ぜひ、辻村千尋と書いてください。よろしくお願いします。またどっかで演説させていただきます。ありがとうございました。

インタビュー8

環境保護NGO職員

辻村千尋

取材・構成 木村元彦

「背景もフィールドも違うのに、ほかの9人の方々とは共通する部分がすごくあって勉強になりました」

環境団体でロビー活動をしていたときの辻村氏

純粋に環境問題のプロとして出てほしい

辻村　僕の属していた日本自然保護協会は、実はもうすぐ設立70周年を迎える歴史のある団体です。でもほとんど知られていないのが実情です。環境問題って、常に他の問題の二番手、三番手という扱いを受けている状態で、環境大臣も見てわかる通り、まったくメインストリームではないですよね。そういう状況を変えたいというのがあって、仕事の内容も、自然保護問題が起きている現場に行って、調査や、地元の人との情報交換なんかももちろんやっていましたけれども、僕の仕事のほとんどは国会議員に対するロビイングだったんです。こういう法律を作ってほしいとか、改正案が出たときには、採決に付帯決議を付けてもらうとか。その中でいろんな議員の方と知り合いになって逆に聞かれるんです。「そこまで熱心にやるんだったら、立法府に入るということを考えていないのか」と。僕としては、「今以上に日本の自然保護を前に進めていきたいので、そういう声がかかれば入る覚悟は持っています」と答えてきました。実際、ほかの党から話もあったんですけれども、あなたはどれくらい票が取れるのかという、そこが一番気にされるところなんです。環境関係の組織票を当てにされて、逆に声がかかるというのは、それは自然保護問題をちゃんと考えてくれている政党ではない、と思っていました。そんな中で山本太郎さんだけは、そういうものを一切気にせずに、純粋に環境問題のプロとして出てほしい、というお声がけをしてくれた。そこが一番大きかったですね。

太郎さんとの出会いも、最初はロビー活動の中で説明して回る議員のうちのひとりとしてでした。僕は、バラエティを見ない人なので、メロリンQを知らないんですよ。議員としての太郎さんは、ものすごく真剣に弱い立場の人のことを考えていて、そこは今でも変わらないですね。始まりはこちらから、お願いをしにいくNGO職員と議員の関係の中だったのですが、逆に山本太郎事務所の方から、こんな法案が出ているんですけれども、問題点があったら教えてほしいとか、細かいことを尋ねてこられたりして、僕のほうで国会での質問作りをお手伝いしたこともありました。そこで求められたのは、専門用語ではなくて、中学生にもわかる言葉で書いてほしいということで、これは僕にとっても、いいトレーニングになったんです。専門用語を並べると記号みたいなものでなんとなくきちんとした文章ができるんですが、本当にそれで伝わっているかというとそうではないのを気づかせてくれました。一番真剣にがっつりお手伝いができた、と思うのは、捕鯨の法案が提出されたときです。国会議員で反対したのがふたりだけで、ひとりが沖縄の風の伊波《いは》洋一さんで、もうひとりが太郎さん。「本法案は、捕鯨文化を守ることとは関係ないものです」と看破して、文化じゃなくて水産庁の利権だ、と言い切ってくれました。他の国会議員よりも、はるかに勉強している印象です。それとすごく謙虚です。ごめんなさい、わからないことを教えてくださいと言える人って、今の国会の中であの人ぐらいじゃないですか。参院選挙中も太郎さんは福島のことに関して、自分の信念は曲げることをせずに、言葉選びとか表現の仕方が悪かったことは事実なのでごめんなさい、と素直に謝っている。あれができる人というのはそうそう多くないです。僕が出馬を決めたのは、そんな太郎さんの誘いだったからです。環境問題がこの国に厳然としてあるんだ、ということを知ってもらう機会としては、ロビー活動よりも自分が議員になるべく、選挙に出ることがプラスになるというのは、当然思っていましたから。

辻村が、自然保護協会に入ったのは、2007年。その前は？と聞くと、「プーです。ずっとプーです」という。世間はそれをプーと呼ぶかもしれないが、ロックバンドをやりながら、地理学の権威である東京学芸大学の小泉武栄《たけえい》名誉教授について山に入り、北アルプス、中央アルプスと、地道にフィールドワークを重ねていた。元は民俗学を学んでいたキャリアから、風習ができる背景の自然環境に興味があった。

辻村　東京の檜原村には位牌山という山があって、森の木を切ると、人がこん倒して死ぬというような言い伝えが残っているんです。そこの木を切ると、地滑りが起きるので、それを防ぐために伝承として残っている。こん倒して死ぬというのにもキーワードがあって、炭焼きの一酸化炭素中毒だったんですね。伝承ですけども科学があるんです。小泉先生との、この山での体験が、日本の自然は守るべきものである、という僕の発想にものすごく影響しているんです。世界中が氷河に覆われて植物が絶滅しても日本は高い山のごく一部にしか氷河が発達しなかったので、地球上から消えた希少価値のあるものが、この国にはたくさん残ったんです。その象徴が世界遺産に登録された青森県と秋田県にまたがる白神山地のブナ林です。あれは原生林です。よく小泉先生が比較されていたんですが、イギリスには植物が全土で１４００種ぐらいしかないんです。でも、同じぐらいの数が、日本の場合は高尾山ひとつであるんですよ。氷河に覆われていないという理由だけじゃなくて、独特の地質構造も重なって日本の自然って箱庭のようであり、すごく生物多様性が高い。それが、日本から失われるということは、地球上から失われることに近いんです。だから日本の自然を守らなければいけないというのが、僕のベースになりました。もうひとつはバンド、音楽のほうの話につながるんですけれども、中学高校時代から、早乙女勝元さんの『東京大空襲』や池宮城秀意《いけみやぐすくしゅうい》さんの『戦争と沖縄』なんかを読んでいた影響から、反戦平和には関心が高くて、自分で曲を書き始めたころから、反戦歌を作って歌っていたんです。それが自然保護と途中で結びつくんです。生態学者で有名な沼田眞さんが、自然保護協会会長時代に「戦争は最大の自然破壊である」と書いていたんですよ。ああ、僕が個人的にやってきたことと自然保護は仕事としてここで結びついたなと思ってこの道に入ったわけです。

山に分け入るだけではなく、恩師の勧めで、大学院に進んだ辻村はアカデミシャンとしても修士課程を修め、国会の参考人として何度も発言し、自然保護のための法律策定に奔走した。先述のよ

うにロビー活動も展開したが、環境は票にならないゆえに議員たちの関心も低い。自然保護は何をおいても直近の問題として取り組むべきとの使命感から、自ら出馬に至った。

辻村　予想通りだったのは、れいわ新選組の記者会見が終わった後に、マスコミの人たちが声をかけた候補者が、全員僕以外の人だったということ。やっぱり環境問題というのはマイナーなんだなと改めて感じました。選挙の取材って科学部じゃなくて、政治部とか社会部の記者がやるわけじゃないですか。でも、そういう中でもTwitterとかFacebookのコメントでは環境問題ってすごく大事ですねという反応がすごくいっぱい返ってきたんです。僕が、今までアプローチしてきた人たちじゃない人たちに、広がっているのを実感したんです。それまでできていなかったことの反省点でもあるわけですけれど、選挙戦が始まって1週間ぐらいで、僕のTwitterのフォロワー数が、自然保護協会の公式のそれを一気に超えたんです。潜在的に環境問題に関心を持っている人はたくさんいるけど、そこに、僕が常識だと思っていることが、まったく伝わっていなかったんだと反省しました。辺野古も石木ダムも八ツ場《やんば》ダムのことも、もっと一般の人は知っているかと思ったら、初めて知りましたという反応が結構あって驚きました。長崎の石木ダム建設計画は『ほたるの川のまもりびと』という映画にもなっているし、八ツ場ダムなんて東京近郊の群馬にあんなでかいダムができつつあったんだけど、そういう事実すら知らなかったというんです。その潜在的な人たちに、この選挙戦というチャンスを通じて訴えないといけないと、改めて決意しました。

通常の選挙運動と反対のやり方。自然保護の現場を回る

辻村は、食料自給率を上げる「日本一個分」の暮らしを提唱する。人間が生きていく上で最も重要な食べ物を海外に依存することの危うさ。加えて、自分たちの繁栄が外国から収奪した上に成り立っているならば、その収奪の構造は変えないといけない。そのためにも日本一個でできるような第一次産業をしっかりと育てていくという主張だ。自然と経済の両立は可能だと説き、さらには、再生エネルギーのために、自然を壊しはじめている現状がある、それでは本末転倒だ、と言う辻村の街頭演説は、多くの聴衆を惹《ひ》きつけた。

辻村　いきなり経済と自然の両立というのは難しいと思うんですが、過渡期にいわゆるグリーンインフラをどれだけ産業化できるか。日本の森を健全な森に変えていくとか、過疎化して集落が消滅していくところを自然に戻していくとか、そういうミッションにも人間が土木として手を入れていく必要があるので十分産業として成り立つわけです。だから、グリーン・ニューディール政策のようなものを作る。一方で再生エネルギーも風力やメガソーラーの現場が、日本の自然とバッティングしている。それにも気がつかないといけない。

辻村は、れいわ新選組の集団での街宣は、これら環境の問題を一般の人々に向けてかみ砕いて語

りかけた。それでいて、自分自身の街宣は都市部でほとんどやらなかった。辻村がとった作戦は、通常の選挙戦とは真逆のものだった。

辻村　僕はスタッフゼロのスタートでしたから、自分で考えたわけです。選挙はまったくの素人だし、一応公認だから誰か選挙戦に詳しい人が、一緒について指南してくれるのかと思ったんですけれども、まったくの放置プレーで（笑）。途中であまりにも困って、Twitterで、すいませんん誰か手伝ってくれません？って。ボランティア募集で「明日10時に新宿西口」と呟いたら10人ぐらい集まってくれました。そこからコアメンバーができていったんです。政治資金は集まっているけれど、街宣車を用意するのにも、何日もかかるという中で、僕が普通の選挙運動をしても知名度もないし、ストリームにもしにくい環境問題です。では何が自分らしい戦い方なのかというのを選挙戦スタートと同時に考えたわけです。それなら、自然保護の現場を歩くのがいいと、単純にそう思ったんです。ボランティアの方にも、自然保護の現場を歩きたい、それをツイキャスなんかで中継したいという話をしたら、皆が納得してくれたんです。街場に立ってアピールするんじゃなくて自然保護の現場を回るというのは、むしろ人のいないほうに行くわけですから、本当に通常の選挙運動と反対のやり方ですよね。

最初に行ったのは静岡県の伊東市で、ここはメガソーラーを見に行きました。再生エネルギーが自然を壊している現場です。その次の日に長野県の大鹿村へ向かってリニア工事の実態を中継、翌日は長崎に飛んで石木ダムを見て、それでいったん東京に戻ってきて、その後、辺野古、石垣島というふうに回りました。最後は関東、八ツ場ダムに行って、ファイナルは東京です。東久留米の清流、湧き水がこんこんとあふれる落合川を見ました。自然保護活動がうまく行なわれているところを最後にしたんです。そんなやり方をしていたんですけど、れいわの得票率が一番高かったのは実は大鹿村なんですよ。1000人ぐらいの集落なので、票数にしたら大したことないんですけれども。そういう現場に行って自然保護問題が起きていることを生中継したことで、逆に僕の数少ない街宣のとき、例えば、新橋とかでみんなでまとまってやるときにもパッと耳目を集めることができた。やり方としては間違っていなかったかなと思うんです。

秀逸だなと思った山本太郎のヤジの切り返し

辻村自身、れいわ新選組のメンバーとはほとんど初対面であったが、学びがあったという。

辻村 今回の選挙は、れいわの10人の中でもすごい化学反応を起こしたんです。僕は内なる差別という言葉で表現したんですけれども、自然保護問題も結局、自分に関係なければいいやという無自覚な意識が根源にあって、本土の人の沖縄の人への差別であったり、また沖縄の人が石垣を差別しているとか、そういう心の中の問題を指摘したんです。それが、ジャンルは違っても安富さんの言っていることともリンクして、大西さんの言っていることともつながって思えたんです。背景も今のフィールドも違うのに、ほかの9人の方々とは共通する部分がすごくあって勉強になりました。僕られいわ新選組の選挙戦は、密着する記者やカメラマンは多かったんですが、ニュースに取り上げられることは皆無でした。もう少ししっかりと報道されていれば、選挙結果も3議席はいったと思うんです。れいわをこれだけ放送禁止物体にするのは、ある意味予測していましたけど、マスコミは参議院選挙の存在すら消しましたよね。それが投票率を下げた。こんな大事な時期に芸能人のゴシップが中心の報道というのは、こちらのほうが罪深いと思うんですよ。

次に僕が考えているステージというのは、今回の選挙戦で反応してくれた人たちへの責任として、国会議員をしっかりと目指すことです。衆議院選に向けて自然保護協会もきちんと退職をして、れいわの公認候補として活動すること。同時に自然保護法のアナリストとして文章を書いたり解説する発信活動も継続したいです。短い言葉で環境問題の細かいニュアンスをどう伝えるのかということに尽きると思うんです。選挙戦であろうと選挙戦でなかろうと、そのスタンスはすごく重要で、今回、少々乱暴だけど日本1個分とか、小さく作って小さく発電しようという言い方で伝わることがわかって、そこは今後も大事にしていきたいと思うんです。それでさらにもう少し理解してくださっている人が質問してきたときには、しっかりしたエビデンスを示して、こうですよと返していく。そういうステップを踏まないと、また環境問題が一般の人から遠くになってしまう。このやり方はやっぱり太郎さんから学んでいます。彼もひとつひとつのワードはすごく簡単にして、かつエビデンスも見せながら説明していますよね。あれを手本にして、僕も日本の自然環境についてビジュアル化して伝わるようにしたいですね。

ロビー活動の相手としての山本太郎から、盟友として共に戦った山本太郎。辻村の目にどのように映っていたのだろう。

辻村　カリスマというふうに見られると、彼の存在を見誤るような気がするんです。決してカリスマではないと思うんですよ。単に政治の世界に今までいなかった「本当に人の話を聞く人」というだけだと思うんです。だから、街頭演説は選挙期間中にああいう一方的にしゃべる方式をしていましたけれども、普段は全部質問を受けて、それに答えるという公開記者会見スタイルです。カリスマになると、逆にそれ以上伸びなくなる気がするんです。立憲民主党の枝野（幸男）さんがそうでしたよね。結局カリスマって化けの皮が剝がれるのも早いし。そうじゃなくて太郎さんのスタイルとしては、常に目線は有権者のほうにあり、有権者の話を聞く。もっというと選挙権のない人の話も聞く。しかも、自分の支援者じゃない人の話も聞く。それで批判も「お言葉いただきましょう」と言って対話に入る。秀逸だなと思ったのは、選挙戦より前ですけれども、ひどいヤジを飛ばされたことに対しての「そんなあなたも救いたい」という切り返しです。それは、自分をよく思われたいと飾っているからではなく、本当にそう思っているから出てきた言葉だと思うんです。

ベストスピーチ 9

元J.P.モルガン銀行 為替ディーラー

大西恒樹

ONISHI
TSUNEKI

1964年生まれ、東京都出身。上智大学外国語学部英語学科卒業。シアトル大学政治科学専攻。J.P.モルガン銀行資金部為替ディーラー。株式会社インフォマニア代表取締役。政治団体フェア党代表。著書に『私が総理大臣ならこうする 日本と世界の新世紀ビジョン』（白順社）がある。

「人間としての価値を、もう一度問い直す戦いだと思ってます」

2019年 7月20日

東京・新宿駅西口

「新宿 センキョ」

QRコードを
読み込むと、
スピーチの動画を
見られます!!
1:54:40〜

財務省？
かかってきなさい！
お金の本質を説く
放送禁止物体

ありがとうございます。皆さんこんにちは。今回、れいわ新選組から比例区で出馬しております、私は大西つねきです。まず、初めに、皆さんに大きなお礼です。今回、これがあるのは、皆さんひとりひとりの力です。皆さんが作ったんです。皆さんひとりひとりが、ちょっとずつ献金してくれたおかげで、我々全員10人ここに立ててます。ですから、まず、皆さん自分たち自身に大きな拍手。歩道橋の皆さんも。

もうすでにお気づきかと思いますが、世界は変わってます。気づいてるか、気づいてないかです。気づいてる人たちは、今ここに集まってます。それからここに来てない人の中でも、たくさんの人たちが気づいてます。これ時間の問題です。明日、投票です。その結果、どうなるかまだわかりません。ただ、どうなったとしても、これは通過点です。今回、おそらく、れいわ新選組は、国政政党になるでしょう。2%取ればいいわけです。たぶん55%くらいの投票率だったら110万票とれば2%いくでしょう。そうしたら、今回マスコミ、一切流してませんが、次の衆議院選挙、おそらく来年です。オリンピックがあります。オリンピック終わった後に、経済がヒューッてなる前に、衆議院解散打ってくる可能性が高いと思います。そうすると、今から1年ちょっと先に、もう衆議院選挙です。ということは、国政政党、今度はもうマスコミ、無視できません。当然、ほかの政党と同じように報道せざるを得なくなる。そうしたら我々のプレゼンスがはるかに高まります。で、私、大西つねきはもちろん今回の結果にかかわらず、次の衆議院選、それから、さらにその2年後の参院選まで、ずっと自分の政策を、このれいわ新選組の中にしっかりと入れ込んで、そして、なるべく、もう本当に多くの皆さんの支持を得られるように、ずっと働き続けるつもりです。今回、皆さんが集めてくださった、たくさんの献金とその期待。これに本当に長い意味でね、応えていかないといけないと思ってるからです。で、この通過点、もう止まりません。もうね、世界的に今、大きな変化が起きてるんですよ。なぜ、これだけの人たちが集まって声を上げようとしてるのか。これは僕は、人間としての価値を、それをもう一度問い直す戦いだと思ってます。今回のれいわ新選組の候補者、本当にバラエティに富んでますね。それぞれが、それぞれの当事者であり、それぞれが、それぞれの問題を抱えていて、生きづらさを抱えてる。それは結局、本人たちが悪いというよりも、ただそれぞれの個性があって、それがなぜか容認されない社会になっている。逆に、生産性が高いとか、お金を稼ぐのがうまいとか、そういう、そういう価値観だけが横行してる、おかしな社会、経済。皆さん自身が根本的におかしいって感じ始めてる。それによって生活の差がうんと変わって、ごく一部の人たちだけが、いい思いをしてる。

もうね、たくさんだって皆さんも思ってるかもしれませんが、実は世界中の人たちが思ってるんです。何十億の人たちがもう辟易《へきえき》していて、だから例えば去年からフランスで、イエローベスト運動みたいなね。あれは燃料税がどうのこうのって話ではないんですよ。いかに労働者たちが、今の金融資本主義の中で虐げられ続けてきたかという、それに対する抗議活動です。だから海外に飛び火するんですよ。燃料税だけだったら飛び火するはずないでしょ。燃料税、ほかの国はないんだから。

結局ね、何が始まってるか。世界規模でこの経済という名のたぶん今、狂気に達しているんですよ。我々ひとりひとり、ひたすらお金のために働き続けていて、ひたすら作って、売って、消費して、捨てて、なんてことを世界規模で続けてます。で、資本家が利益を上げ続ける結果、ごく一部の人たちが世界で最も裕福な8人とか、世界で最も裕福な26人、毎年数字が変わってるんで、もう訳わかりませんが、ごく一部の例えば、ミニバン1台とか、バス1台に乗れるくらいの人たちが、世界で最も貧しい半分の36億人の人たちと同じだけの資産を持っているという異常事態です。世界規模で。で、常に10億人くらいの人たちが餓死寸前の状態に置かれている。もうこれはね、この仕組みそのものが、もう地球規模で、世界規模で、もうたくさんだと。多くの、もう何十億の人たちはそれに気がついていて、それに対する行動が少しずつ始まっていて、たぶんこのれいわ新選組の、この新しいムーブメントっていうのは、そういう大きい流れの中のひとつなんです。

だから、これが止まることはあり得ない。通過点だって言いました。本当の意味での通過点です。今回、できれば明日のね、投開票で、もう10人全員当選したいです。が、仮にそうじゃなかったとしても、これはむしろ決起集会です。1年後、3年後、さらにその3年後、4年後、わかんないです。いつになるかわかんないけど、初めて日本の政治史上、国会の外から国会議員じゃない人たちが集まって、中に入って国政政党を作って数を増やして政権を取る。こんなのは前代未聞です。そのための決起集会です。ですから、今日やれること。今から23時59分まで、電話かけ放題。もう、ひたすら電話かけまくる、明日のために。で、結果を見て、まあ喜ぶ、がっかりする、どうなるかわかりません。その後は、さらに同じことの繰り返しです。

いきなり電話攻勢するとね、さすがにその後、もう選挙終わってんのに、いい加減にしろみたいに言われるけど、でもそうじゃなくて、我々がやろうとしてることは、もう時代は変わり始めた。皆さんがその象徴だっていうことです。もう世界は変わってるんです。皆さんの心の中ですでに変わってます。今、マスコミが報じないことによって、まあ、なんだ、知らないっていう人たちがたぶんいっぱいいます。こういうことやっていても通り過ぎる人たちがいます。でも彼らも、実は心の底では気づいていて、そういう人たちに気づきが広がってくのは、これ時間の問題だということです。ですから、我々にやれることはですね、もう決して楽観も悲観も、もういらないんですよ。もうすでに変わり始めていて、変わっていて、後はどれだけのスピードでみんながそれに気づくか、ってだけの話なんで、必ず世界は良い方向に向かっていきます。もちろん日本も。で、できれば、今回は明日の投開票で、なるべく多くの人を通したい。なんで、皆さんのご協力、まだできることがあります。ぜひやっていただきたい。

で、その後も、ずっと我々にやれることは、自分たちの望むもの。たぶん本当に我々が大事なもの、大事にしてるものっていうのは、自分のたぶん心の自由なんです。僕、大西つねきの最も大事な政治信条っていうのは、個人の心の自由です。それぞれが思う通りに生きて、思う通りに行動して、まったく問題のない社会。それを作らなければいけない。しかし残念ながら、そうではなくなってんです、今の世界。なぜか人の言うことを聞いて過ごさなきゃいけない。例えば、資本主義ってなんなのか。会社に行くとね、朝9時から5時まで、資本家、株主のいうことを聞いて、お金のいうことを聞いて、ほぼ一日過ごします。なんなら残業も含めると一日ほぼ全部です。で、月曜から金曜までそれやると、もう自分の時間なんてほとんど残ってないです、疲れ果てて。

本来は、我々は自分たちの自由に生きる、自分たちが持って生まれた時間を、好きなように使って生きる、そのために生まれてきたはずなのに、それを許していない。何かが根本的におかしい。それは今の経済の仕組み。金融資本主義。そういうところから変えなければいけない。だから僕は、２０１１年からそういう新しい旗を立てて活動していますが、今回、れいわ新選組という新しい旗が立った。僕の代わりに掲げてくれる人がいたから、そこに寄っていって、本気で自分の考えをその中に入れて、みんなの、多くの人たちの賛同を得ることによって、それを実現しようとしてます。もうすぐそこです。ぜひ一緒にそれを変えていきましょう。

インタビュー9

元J.P.モルガン銀行
為替ディーラー

大西恒樹

取材・構成
木村元彦

「お金を稼ぐためには自分の良心を殺さないといけない事態になっている」

J.P.モルガン銀行資金部で
為替ディーラーを
していた頃の大西氏。

「校内居場所カフェ」に100人分のスープやケーキ

神奈川県の、ある高校に、大西恒樹は毎週木曜日になると必ず現れる。この高校、小中学校でうまくいかなかった子どもたちのために人生をやり直せる学校として、考査試験も内申点も関係なく、意欲次第で入学できる高校として設立、運営されている。主には中学時代に不登校であったり、複雑な家庭事情で進学が叶わなかった生徒が通うのであるが、それ以外にも、国語の入試がないので、外国をルーツに持つ子どもたちも熱心に集ってくる。

この高校には、飲食がフリーの「校内居場所カフェ」があり、居場所をなくして孤立していた子どもたちを支援する空間となっている。大西はここで木曜日に開かれる、スタッフと悩みの相談ができる集《つど》い場にボランティアとして3年以上前から欠かさず毎週通い続けている。

同じく校内居場所カフェのボランティアの常連で、「子どもの貧困」をテーマに長年にわたって取材しているひとりのノンフィクションライターは、そんな大西をこう見ている。「今や7人にひとりの子どもが相対的貧困状態です。困難な状況下で生きざるを得ない子どもたちが本当にたくさんいる。これはもう教育問題の枠を超えた日本全体の緊急課題ですよ。そんな子を見捨てずに、助けて、と叫んでいいんだよと寄り添うこの高校には、耳をふさぎたくなるような環境の中を生きている子どもたちがたくさんいて、その実情に大抵の大人はむしろ言葉をなくすんです。でも大西さんは、子どもたちに毎週欠かさずに向き合って、100人分のスープやケーキを自分で料理して持って来る。だから、女子生徒は彼をパパと呼んで男子はつねきと呼ぶんです。引きこもったり、あるいはネグレクトで社会的な居場所がない子というのは、所属さえ奪われるので、存在が見えないことにされてしまうのですが、大西さんはその背景や現場を誰よりも知っているひとりです。彼がれいわ新選組で出るんなら、私もれいわを応援しようと決めました」。

大西が校内居場所カフェを知ったのは2016年、「子どもたちの未来のために　フェアで持続可能な世界を」をスローガンに、自らの政党＝フェア党（11年に設立した政治団体「日本一丸」から改称）を立ち上げて政治活動を始めた頃に訪ねたことがきっかけだった。元J・P・モルガンの為替ディーラーで、IT企業やピザレストランの経営者でもあったロマンスグレーの大西は、その風貌と雰囲気からか、女子生徒に「あんまりここに来ないタイプだよね。来週も来るの？」と言われた。

大西　僕は子どもと関わりだしたら、相手から切られるまでは大人のほうは関わり続けなければいけないという信念があって「来られる限りはずっと来るよ」って答えたんです。一応、レストランもやっていたんで料理は得意だったから、何か作って持っていってあげようと思ったわけです。

校内居場所カフェは文化的な体験を大切にしている。夏に浴衣パーティなどをやるのも、浴衣を

着たことがない子どもたちに、そのような機会を持ってもらうことを主眼にしているからである。それゆえに大西は食事提供を考えたときに、炊き出しの豚汁のような一般的なものではなく、今までにない文化的な体験として賞味してほしいと考えた。一番最初に豆乳いちごバナナとりんごのスムージーを100人分作って持っていったら、すごく受けがよかった。それなら、今度はスープにしようと冷製のコーンスープを持っていったら「冷めてる」と言われてしまった。冷製を食べた経験がないのである。じゃあ、これはこういうものなのだよ、と中途半端に冷えているのではなく、じゃがいもの冷製スープをキンキンに冷やして再び36リットルの寸胴に入れて持っていったら「もっと冷めてる」と拒否された。

大西　それで3週目、僕は意地になるんで、もう一回、冷たいやつだと思ってトマトを湯むきして、きゅうりとか、生ニンニクとか、白ワインビネガーとか、ガチのガスパッチョを作って持っていったら、きゅうりのにおいだけでだめなのね。きゅうりを食べられない子がすごく多いんですよ。「ウエッ」とか言われて、ほとんど飲んでもらえなかった。文化的な体験が人生を彩り、豊かにするんで、その一環としてやっていたんだけど、さすがに4週目、これは一応、僕の名前をとって、「つねキッチン」っていわれているんですけど、つねキッチンはこのままいったら食べてもらえなくなるなと考えて、思いっきり媚《こ》びてチョコチップバナナパウンドケーキを山ほど作って持っていったんですよ。JKに媚びたんですけど、そうしたら男子高校生が山ほど集まってきました。甘党の男子がめちゃくちゃ多い（笑）。

ピコ太郎のPen-Pineapple-Apple-Pen、『PPAP』が流行ったときには、それに引っかけて、スイートポテトに煮たりんごを乗せて、さらにパイ生地を巻いて焼くというメチャクチャ手間のかかるSPAP＝スイートポテトアップルパイを110個作った。

大西　僕は何かを特別に支援しているわけでもなく、近所のオヤジとして普通に話したり、一緒にゲームをしているだけで、子どもたちとは財政とか、経済の話なんかは全然しないんですが、いろいろ見えてくるんです。そういう課題集中校へ行くと3人にひとりは生活保護を受けている。現場に参加する前は僕も知らなかったけど、明らかに日本のゆがみが出ているのがわかるんです。学校も限界があります。先生方はいつもすごく頑張っているんですけど、県立高校だからか、勉強しない、出席しないような子たちにはいつまでも税金をかけていられないらしく、留年できないし、退学もある。毎週つきあっているんだけど、いつの間にか来なくなっちゃうことがあって「あいつ、どうした？」「もう辞め

大西さんが作った
オリジナルスムージー（左）と
110個作ったSPAP＝
スイートポテトアップルパイ。

ちゃった」というのがけっこうあります。辞めさせる理由も、単に制服のまま商業施設にいたとか、近くのコンビニでたむろしていたとか、大したことない理由での謹慎の積み重ねがきっかけだったりすることもあります。結局、学校がそこまで配慮せざるを得ないほど社会も寛容性を失っているんでしょうね。学校というよりも、社会が彼らを排除しようとしているようにも見えます。

不公平な金融システムを変える。それには政治

大西は貧困の現場を直接見据える虫の目を持つ一方で、金融のプロとして仕事をしてきたキャリアから、その格差問題を俯瞰《ふかん》して見るという鳥の視点もあわせ持つ。今の日本の不寛容さをこう解説する。

大西 結局、大人たちが余裕を失っているんです。金髪頭の若い連中が店先にいっぱいいると商売の邪魔になるからって必死に通報しているんだけど、昔はオヤジが自分で悪ガキたちに「おまえら、ちょっといい加減にしろ」と叱って、許容しながら教えていた。そんな余裕や社会としての弾力性がすごく失われていて硬直化している。その現象がどこから来ているかというと、今の金融経済の仕組みなんですよ。校内居場所カフェなんかで僕が見ている問題の根源をたどればたどるほど、経済や金融の仕組みの話になる。本当に困っているところにはお金が届かない。僕はもともと、J.

P．モルガンという世界の金融の真ん中にいましたから、その仕組みがどれだけひどく格差を広げているかを身をもって知っています。今のままだとお金は持っている人のところにしかいかないから、富む人はますます富む一方で貧しい人はさらに苦しむ。資本主義を見直して、不公平な金融システムを変えないといけない。それを直すには政治なんですよ。フェア党という政治団体を立ち上げたのはそれが理由です。

プラザ合意以降の為替ディーラーは超花形職業で、中でも大西は腕利きで、当時26歳でポルシェに乗っていた。為替市場は朝、シドニーが開き、東京が9時に開いて、前場が11時半、12時までで、13時半まで昼休み。午後にロンドンが入ってニューヨークは帰宅して相場を張った。ロイターのポケットモニターを持ち歩いて会社にいなくても24時間、月曜から金曜日の夜中まで、いわば資本主義の申し子のように外貨を売買し、ずっと働いて稼ぎまくっていた。そんな大西がなぜこんな考えに至ったのか。

大西　10年ちょっとディーラーをやって、面白かったけど、長く続けるものではないなと、いやになってしまったんですね。それで辞めて、とにかく家族のために稼がなきゃいけないのだけど、その稼ぎ方も為替みたいなものはもういいと思ったのでＩＴの会社を立ち上げました。社会はこのままではいけない、政治をやろう、と考えたひとつの大きなきっかけは、２００８年のリーマンショックです。僕はしばらく為替、金融を離れていたんですが、あれを見て何が起きたのか調べたんです。そうしたら、僕のディーラー時代にはなかったCDS（金融派生商品の一種）とか、CDO（証券化商品の一種）とか、そんなことをやりだしていた。これは続かない。銀行業務は本来、融資によってお金を作り出す仕事だから、借り手がその分の実体価値を作り出す能力があるか否かをきちんと精査する責任があった。でも、グラス・スティーガル法の廃止により、証券業務との垣根がなくなり、貸した債権をすぐ証券化して市場で売れるようになれば、どんなクズ債権でもすぐに売れば儲かる。その結果、膨大なクズ債権と実体のないお金が生まれ、それを格付け会社と結託して商品化して売りさばくなんて、「世紀の詐欺」としか言いようがない。最終的に今の金融経済は崩壊するだろうと思ったんです。

ただ、そのときは何かができたわけでもなかった。それで3年後の2011年3月11日です。東日本大震災が起こったあとに僕は宮城・石巻の被災地で苦しんでいる人たちをたくさん見た。ところが、被災しているところに全然お金が行かない。一歩外に出れば飽食の日本なのに、避難所生活が続き、食べ物もない。その後の震災や台風で苦労されている方もそうですが、あれだけの大災害を生き延びられて、そのあともお金の問題で苦しめられる。お金なんて交換の道具でしかなくて、別になんの本質性もないわけですが、今は儲かるところにしか行かない仕組みになっている。被災者のところにお金を回したところで何も儲からないから、民間のお金に任せたら絶対行かないし、じゃあ行政がやらなきゃいけないんだけど行政も金がない。財源がない。いや、財源の考えがそもそも間違っているんですが、みんなそれを知らないんです。そういう話でいうと、このレベルの話がわかっている政治家はほとんどいない。これは俺がやらなきゃと思って11年に政治団体を設立したんですよ。J.P.モルガンにいたときは、たぶんそういう考え方はしなかった。自分で仕事を始めて中小企業のオヤジをやって、震災を通じて、人間の命について考え直したからだと思うんです。

草野球から、いきなりメジャーリーグに上がったみたい

政治を志してから、大西はどんなふうに発信しているのか。

大西　今、講演なんかで僕が言っているのは、「日本は341兆円の対外純資産を持っている世界一の金持ち国なんです。ではなぜ、こんなに生活が苦しいのか。皆さんにこの黒字が使われていないからです。日本が黒字でも海外に貸しっぱなしでドルで貯まっている、あるいは企業の内部留保になっている。それで受けとれていないんです。どんどん個人が時間を奪われている仕組みと、効率化してせっかく実った果実を一部の人が持っていってしまう仕組みがあって、それをぶっ壊せば全然、違うんです」ということ。みんな苦しんでいるのに、頑張りが足りないとか、自分が悪いみたいに思わされているけど、全然違う。仕組みがおかしくて違和感を感じているほうが全然まともなんです。ひどいのは、今の社会はゆがんだ原理原則になっていて、お金を稼ぐためには自分の良

心を殺さないといけない事態になっている。お金に人間が支配されるのは、本末転倒ですよ。

「お金を稼ぐために自分の良心を殺さないといけない」。そんなシーンを私たちはここ数年の間にどれだけ見せられてきただろうか。すでに事故を起こし危険だとわかっていてもそれを推進することで巨額が還元される原発マネーとそこに群がる首長や電力会社幹部や御用学者、役人にとって命ともいえる公文書をたかが出世のために平気で書き換える官僚、自らの保身のために忖度してポジショントークをする政治家、検事、裁判官、マスコミ幹部……。孤軍奮闘、フェア党で活動していた大西は、れいわ新選組が立ち上がって参院選候補者の公募が行なわれると、これに応募した。

大西　もともと僕は、今年の7月に新しい政治団体を作って比例で10人立てて、2％の票を全国で取って、国政政党を作らなきゃと思っていたんです。ただ、それをやると言いだした人がほかにいた。山本太郎代表が（笑）。同じことを考えているんだと思って。その前に僕は2月に山本代表に会って話をしているんですよ。総理大臣になる気でやっているのか、聞いたら「そうだ」と。僕もそうなんだけど、このまま行ったらふたりともなれないよね。フェア党の共同代表でも一緒にやろうと誘っていたんです。逆になりましたが、その意味でいうと、予定通りのタイムスケジュールなんです。山本代表が緊縮財政に反対している。消費税についても論理の持ってゆき方は僕と異なっていても、あんな税金はあってはいけないというのも同じ意見。それが今回、国政政党になったっていうことは、いよいよ始まったんですよ。今の金融システムが変わらざるを得ないということが。

れいわでの選挙戦ですか？　全然、戦いやすかったです。だって前回2017年の衆院選はフェア党ですよ。自分ひとりで旗を立てて小選挙区でフェア党なんて、誰も知らない、相手にもされない。だけど、れいわ新選組で街宣をやれば、あれだけの人が集まってくれるし、僕としては全然ステージが違いましたよ。草野球から、いきなりメジャーリーグに上がったみたいな感じでした。

果たして、れいわ新選組は大西が目指した国政政党に成り得た。2名当選という結果を踏まえ、選挙戦を振り返ってどう分析するのか。

大西　企業とか、組織とか、国家とか、チーム戦で戦わされていた20世紀の時代があって、その中で抑圧されていた個人が今、爆発寸前の状態になっています。抑圧されていた個人たちが幸せになれているかというと、もうすでに搾取の対象でしかなくなっていて、あらゆる意味での解放を求めている。そこに現れたのがれいわ新選組で、基本的にその深層にあるのは、まずは今まで声を聞いてもらえなかった当事者の人たちが声を上げられた。そのことで、自分たちの声が聞いてもらえるっていう期待感だと思います。ただ、僕はけっこうそれを冷静に見ていて、当事者が声を上げたからといってまだ仕組みまでは変わらないです。当事者は怒りとか、苦しみの声は上げられます。これは虫の目です。もちろんそれはとても重要で共闘していかないといけない。一方では直していくための鳥瞰、仕組みをどう変えていくかという冷静な人も必要で、それでいえば、れいわの10人の候補者の中で僕だけが当事者じゃないんです。そこはがんばりたい。社会を変える上で重要なのは、自己肯定を強くすることだと思うんです。社会自体がゆがんでいると、その社会に合わせようと自分もゆがんでしまう。社会と違っていても全然ＯＫだよというところのほうが本質的で大事な部分。自分と合わなかった社会を変えようとするパワーは、その違いのギャップから生まれるじゃないですか。ギャップを肯定する。自分はこのままでいい、社会が間違っていると思えるときに初めて社会を直せるんだけど、社会に自分を合わせて、このままでいい、仕方ないとなると、そこで終わってしまいます。

ギャップを肯定する。今さらながら、自己責任という言葉をあたかも美徳のように流通させた小泉純一郎・竹中平蔵改革もひとつの大きな分岐点だった。苦しむのは自分の努力が足らないからだという概念を若い世代に押しつけた。代表的なのが、日本育英会の奨学金制度を潰し、日本学生支援機構に移管したことである。これで奨学金を実質的なサラ金に変えてしまった。

大西　あいつらが本当にぐちゃぐちゃにしてくれました。その息子の進次郎が、今、環境大臣だけど……。でも、これだけ壊れていると感じられているということは、逆にそれだけギャップが大きくなっているってことです。ねじれがでかければでかいほど、その逆もすごいです。ものすごい勢いを生むので、僕たちの改革ももうすぐですよ。

ベストスピーチ 10

元派遣労働者、シングルマザー

渡辺照子

WATANABE
TERUKO

1959年生まれ、東京都出身。武蔵大学社会学部社会学科を2年で中退。25歳のときにふたりの子どもを残し、配偶者が失踪。シングルマザーとなる。2001年に派遣労働者として企業に勤務。17年12月、それまで約17年働いてきた派遣先企業から一方的に雇い止め通告を受ける。

「ド庶民が、働く者が、貧乏人が、今の日本を変えなくて誰が変える?」

2019年 7月4日

東京・秋葉原駅
電気街口

QRコードを
読み込むと、
スピーチの動画を
見られます!!
1:02:15〜

ド庶民の
ド根性を見せてやる。
れいわの最終兵器

皆さん、こんばんは。私は、渡辺照子と申します。元派遣労働者、そしてシングルマザーです。いわゆる、名もなく、貧しく、そして美しくない、ド庶民です。

そこ、笑うとこですか？ ごめんなさい。私、シングルマザーなんですけど、ホームレス、5年間やってました。子どもふたり、12月、1月、冬の寒いときに生まれてしまいました。泊まるお金がないから、新生児を抱っこして野宿しました。

日本って、お金がないと、死んでしまう国なんです。私は、たまたま生き延びることができました。だけど、生活保護をもらえず、おむすび1個が食べたいという書き置きを残して、餓死をした人もいますよね。こんな日本に誰がした。黙ってられるか。ね、永田町赤坂で2000万の飲食代使ってるやつら、もう生かしちゃおけないよ！

皆さん、ここにいる皆さんさ、お金の使いどころが困って、余って、余って、お金が腐ってるっていう人います？ いないですよね。みんな、爪に火をともすようにして、お金を節約して、がんばって働いて、なんとか生き延びている人たちばっかりじゃないですか。だけど、皆さんの、この、いても立ってもいられない、そのパワーが、ものすごく感じるんですよ。

今、日本では、若者に希望がない。年金ももらえない。給料も上がらない。だから結婚もできない。自殺も多いです。こんな日本に誰がした。私たち大人の責任なんです。そういう政治を許してきた私たち大人が、それを変えなきゃいけないんですよ！ 変えるのは今、たった今。２０１９年７月４日、このアキバで、皆さんが立ってるこの地面が、民主主義の出発点だ！

我々が、当事者が、ド庶民が、働く者が、貧乏人が、今の日本を変えなくて誰が変える？　変えるのは、あなた、あなた、あなた。みんな、みんな主人公。みんながヒーロー、みんなが、ヒロインですよ。

みんな、みんなね、黙ってちゃね、損するよ。みんなね、平等なのはね、１回死んじゃうってことでしょ。じゃ、１回死ぬまでに、やりたいことやらなかったら、悔いが残るじゃないですか？

我慢しながら生きてるなんて、こんなダサいことないよね。お金がなくたって、言いたいことは言えますよ、今の日本は。言いたいこと言えなくなるような日本にしないために、みんな、言いたいこと、言い合いましょう。

私だってできるんです、ホームレスやった私だって、できるんです、みんなもできます。みんな、主人公、みんなで変えよう、今、こっから変えよう。できるよね、できるよね。絶対できる、できる、できる、できる！

私は今、この場で、本当にもう仕事もないし、収入もないし、それにね、母親が90歳でボケちゃってるんですよ。もうね、貧困のデパート、総合商社。ま、それがね、強みです。マイナスを強みに変える、貧乏人のド根性見せてやりましょう！　よろしく！

インタビュー10

元派遣労働者
シングルマザー

渡辺照子

取材・構成
雨宮処凛

「庶民が政治に無関心なんじゃなくて、政治が庶民に無関心なんだって思いました」

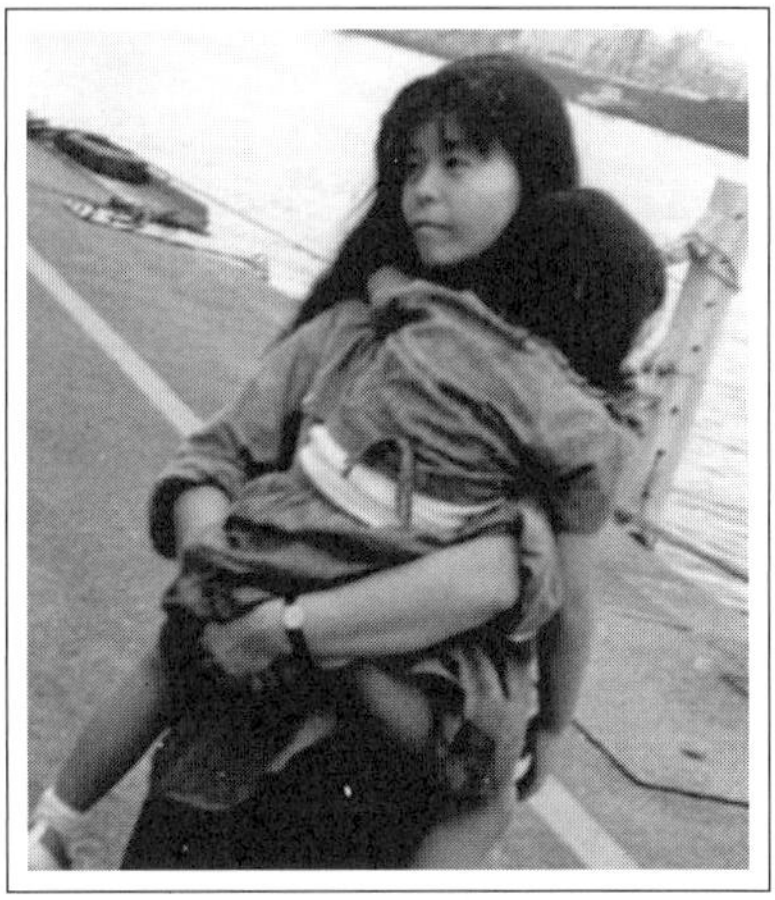

ふたり目の娘を
抱きかかえる渡辺氏。
シングルマザーになって
間もない29歳のとき。
この子が産まれた翌朝、
長男と真冬に野宿をした。

いつも生と死の境目を彷徨っているような生活

「れいわ新選組の最終兵器！」。選挙中、山本太郎代表にそう言われ続けたのがシングルマザーで元派遣労働者の渡辺照子氏だ。「てるちゃん」の愛称で親しまれているので、この本でも「てるちゃん」と呼びたい。公示日前日の支援者の集会で「最後の候補者」として紹介された彼女は、自身のホームレス経験や17年続けた仕事で派遣切りに遭ったことなどを語ると、満場の客席を見渡し、涙で声を詰まらせながら言った。「母子心中しようかな、なんて思ったことも正直、ありました。でも、今日この日を迎えられて、本当に、生きてきてよかったです！」。出馬の依頼を受けたのがその前夜だというてるちゃんに、立候補に至るまでの怒濤の人生、そして今後の展望を思う存分語ってもらった。

渡辺　東京・新宿生まれの新宿育ちで、今も実家で90歳になる母とふたりで暮らしています。リベラルな学校だったこともあり、高校生の頃から社会問題に興味を持っていました。日本の戦争責任の問題とか女性差別、受験教育にも疑問を感じていました。あるとき、みんなに「生徒会長に立候補しなよ」って言われて、「学校は先生や親や文部省のためにあるんじゃなくて、私たち生徒のためにあるんです！」って演説したら、断トツ1位で当選しました（笑）。だけど生徒会長になったのは、ガクンと票数が下がる次点の男子生徒。女の私が副会長になるというよくあるパターンでした。高校を出たあとは武蔵大学で社会学を専攻して、新聞会に入って大学新聞を作ったり、女性史研究会に入ったり。そんな中、大学の先生の障害者への差別的な発言に疑問を持って、実際に障害者と交流しようとボランティアで障害者介助をしたりもしました。現場にいないと学べないと思って。当時は千葉・三里塚で成田空港の反対運動もあって、問題意識を持った学生は大抵行ってたので、そんな現場にも行きました。半端な世代で、「遅れてきた全共闘だね」なんて言われながら。

大学時代のてるちゃんに、ある出会いが訪れる。その出会いが、以後5年間にわたるホームレス生活の入り口だった。

渡辺　大学2年の10月に、社会問題に関心のある人が集まる書店で、知らない男性に「僕も三里塚に行ったことあるよ」って声をかけられて。体のいいナンパですよね。大学生の私にはひと回り年上の社会人というその人がすごく大人に見えて。最初は普通のお付き合いだったんですが、そのうち「自分は公安につけ狙われている。家に帰ったら捕まる」って言いだして、私のことも「冤罪で逮捕される」って言うようになって。

てるちゃんはこの頃の自分を「バカだった」と言うが、当時、社会運動に関わっていた大学の先輩が冤罪で逮捕され、裁判をしているのを目の当たりにしていた。彼の言うことを「あり得ないこと」と笑い飛ばせない環境にいた上、その男性は非常に話術が巧みだったという。

渡辺　洗脳されてしまったんですよ。「潜行しなければいけない」と言われて、そこから5年間、なんの連絡もできず家に帰らず、もちろん大学も中退して、放浪生活が始まりました。最初は親切な人が泊めてくれたりしたんですけど、ちゃんとしたところで寝泊まりできない日が増えていって、いつも生と死の境目を彷徨《さまよ》っているような生活でしたね。辛かったからあの5年間のことはあまり覚えていないけど、本当のホームレスです。大阪の西成によく行ってましたね。ヒッチハイクしてトラックに乗せてもらって、四国と沖縄以外は行きました。何も持たない人間に対して人はどう接するかって、身をもって体験しました。彼はときどき日雇いで働いてました。その5年の間に、子どもがふたり産まれたんです。

出産前は、不安とか、そういうレベルじゃないです。子どもができてお腹は大きくなってくる。逮捕されると思ってるから病院なんかもちろん行けない。生きるか死ぬかですよね。ひとり目のときはつわりがひどかったです。もう産まれそうというとき、親切な人が「こんな寒空にそんな大きなお腹して見るに忍びないから今晩だけでも泊まっていきなさい」って言ってくれて。その次の朝、産まれたんです。破水も陣痛もなく、超安産でした。勝手にズルッと出てきてくれた。そのとき私は21歳でした。ふたり目を産んだのは、24歳。親切な人がお金を恵んでくれていたので手元の現金が500円くらいあったんです。ふたり目のときは動物的な勘が鋭くなっていて、「今日あたり産まれそう」ってわかるんですよ。だからそのお金でモーテルに泊まって。今日、産まないとまずい気がするって思いながらお腹を押したら、また破水も陣痛もなく、ツルンと出てきた。だから陣痛知らないんですよ、私（笑）。

家もお金もない状態で子どもを産むなんて、どれほど心細いことだろう。しかも「身元がバレたら逮捕」と思い込んでいるので、何かあっても役所や警察や病院に助けを求めることもできない。冬の日も、駐車場の車止めの上で赤ちゃんを抱いて寝るような日々が続いた。長距離トラックの荷台のベッドで寝かせてもらったこともあれば、運転手さんが「カミさんも子どももいるけど、うちへおいでよ」と泊めてくれたこともあるという。いつも寝る場所を探して、乾いた地面、乾いた段ボール、高架下など屋根のあるところを探していたが、そういう場所には必ず「先輩」ホームレスがいたという。そんな生活がある日突然、終わりを告げる。男性とはぐれてしまったのだ。携帯もない時代、その上、ふたりには住所も固定電話もない。5年ぶりに実家に電話し、親切な人に交通費を借りて東京の実家に戻った。5年間、何の音沙汰もなくふたりの子どもを抱えて戻ってきた娘に、両親はさぞかし驚いただろう。

渡辺　怒られましたね。こんな心配かけて迷惑かけた挙句、よくおめおめと、どこの馬の骨ともしれない男の子どもを連れて帰ってこられたな、という感じで。その後、彼もなんとかして私の実家に来たんです。結局、彼は活動家だったわけでもなく、ただ私を5年間騙してホームレスにして連れ回してた。私の家族は怒って、「もう潜行なんてしなくていいんだから真面目に働け」って言ったら、彼はそれがいやで失踪しました。最悪の男なんですよ。家族は「騙されたお前が悪い」「あんなひどい男の子どもはろくなもんじゃない」って、子どもたちもかわいがってくれなかったですね。家族からも親戚からも近所の人からも責められるような感じで、その頃は誰とも会いたくなかった。

年に4回はヒヤヒヤする17年間

しかし、幼子ふたりを抱えて食べていかなければならない。25歳。近所のスーパーのパートを皮切りに、給食調理や保険のセールスなどさまざまな仕事をした。

渡辺　給食調理の仕事では、着任したその日、先輩の女性に言われた第一声が、「あんた、男に捨てられた女だろう?」だった。女性差別や母子家庭への偏見は高校のときからある程度学んでいたので、ああ、これから本番か、と思いました。その職場はいじめがひどくて、大きな木のしゃもじでガンガン殴られて痣《あざ》ができるほどでしたが、子どもふたりを保育園に預けている状況だとなかなか辞められず5年間いました。

福祉事務所に児童扶養手当を申請しに行ったら、職員のおじさんがタバコを吸いながら笑って「あんた母子家庭になったんだ。じゃあミカン箱ひとつで暮らす覚悟しないとな」って言われたこともありました。子どもふたりが保育園を卒園してからは、保険のセールスレディをやりました。そうやっていろんな仕事をしてきましたが、30代半ば、過労で倒れて入院して、退院したあと、重篤なうつになっちゃったんですね。それまですごく頑張ってお仕事してたからお金もある程度たまって、それを子どもたちの学費に充てようと思ってたんですが、働けなくなったので、その貯金を崩しながら生活しました。

そうして41歳、派遣の仕事を紹介される。そこからは17年間、派遣で営業をした。

渡辺 派遣の仕事にありついたんですが、皮肉なことにそれが今までの中でもっとも安定した仕事でした。それまでがどれほどひどかったかってことですが。でも、契約は3ヵ月更新。更新の切れ目のたびに、いつ雇い止めに遭うか1年に4回はヒヤヒヤする17年間でした。それで2017年10月、「渡辺さん、次の更新はありません」のひと言で終わり。もちろん、一銭の退職金もありません。

派遣で働くようになったてるちゃんは、2010年頃から派遣制度について疑問を持つようになり、「働く女性の全国センター」などの団体と関わり始め、派遣法や労働法を学ぶようになっていた。派遣法をテーマにした学習会や集会などでも当事者として発言するようになり、派遣法「改正」のあった15年には、参議院厚生労働委員会の参考人質疑にも呼ばれている。派遣労働者の代表として、国会で発言したのだ。

渡辺　参考人質疑では、いかに不安定雇用かということと、同じ仕事をしているのに、正社員との格差や差別がいたるところにあるということを具体的にお話ししました。

「出馬する勢いでボランティアをしてくれ」と解釈してた

そんなてるちゃんに知人から電話がかかってきたのは、選挙公示日を2日後に控えた7月2日夜。「れいわの件で打診があるんだけど」。外出先で受けた電話でそう言われたてるちゃんは、「人手が足りないからボランティアに来てくれ」という打診だと思い、ビラ配りや電話かけをするよ、という意味で「いいよ、やるやる」とふたつ返事で答えたという。するとその知人は「太郎さんから直接電話行くけどいいですか」と聞いてくる。そこまでボランティアが足りていないのか……。そう思った彼女は、山本代表からの電話を待った。

渡辺　太郎さんから電話が来て、出たら「出馬」とか言ってて。でも「出馬する勢いでボランティアをしてくれ」ってことだと解釈してたんですね（笑）。だけど、どうやら本当に出馬してくれと言っていると気づいた瞬間、急に今までのことが走馬灯のように蘇《よみが》ったんです。0.1秒くらいの間に今まで話したようなことが頭の中を駆け巡って、その瞬間、パズルのピースが合っちゃった。断る理由はどこにもないなと思って「出ます」と。そのときにはもう日付が変わってたと思います。

そこから怒濤の選挙が始まった。山本代表が何度も「スター誕生！」と口にしたように、てるちゃんの魂のスピーチは多くの人々の心を鷲《わし》づかみにし、Ｔｗｉｔｔｅｒで公開されたスピーチ動画の再生回数はあっという間に万単位に。街宣にもファンが押し寄せた。

渡辺　街宣で喋ると、最後まで残ってくれた人たちが、「私もシングルマザーです」とか「派遣切りに遭いました」とか、半泣きしながら握手を求めてくださるので、思わず抱きしめたことが何度もあります。母子家庭で育ったという大学生が、「話を聞いて、母親がどんなに大変だったかわかりました」って言ってくれたこともありました。こういう人たちにこそ政治って必要なんだなって思いました。みんな何時間も立って話を聞いてくれるんです。その人たち、政治に無関心なんて到底言えないですよね。そのとき、庶民が政治に無関心なんじゃなくて、政治が庶民に無関心なんだって思いました。そういう人たちのために、社会を少しでも良くしなきゃいけないって。

選挙中に出会った人たちを思い出したのか、インタビュー中、てるちゃんは話しながら涙ぐんだ。公示日２日前に打診を受け、出馬を決めたてるちゃん。はからかずも選挙の前月、山本代表とは名刺交換をしていたという。

渡辺　住宅問題の院内集会に来ていて、そのときでした。議員の方々は中座する方が多いのに、太郎さんだけ最後までいて。「本当に勉強熱心で、必ず最後までいてくれるんだよね」って主催の方も言ってました。今回、一緒に選挙を戦って、改めて太郎さんってすごいなと思いました。なんであんなに熱狂的なファンがいるのか、れいわの候補者になってわかりました。選挙って、朝から晩まで汗かきっぱなしなんです。そういう中でも、いつも自然な笑顔で。ワクワク感を与えてくれるだけじゃなく、理論の明快さと表現力、身体能力を備えている。そしてストレートなメッセージが心に刺さる。

私、最初に皆さんの前でしゃべった日、「生きてきてよかった！」って言いましたけど、この言葉をいかに早く多くの人に言ってもらえるか、どうやったらそういう社会にできるかが課題です。今、若い人の死因の1位が自殺ですよね。そんな状況を変えたい。もし私が議員になったら、国政調査権を使って、正規と派遣の格差を明らかにしたいです。２０１５年の派遣法「改正」が、どういうダメージを与えたのか、実証したい。普通、企業のプロジェクトだったらＰＤＣＡ（Plan＝計画、Do＝実行、Check＝評価、Action＝改善の頭文字を取ってＰＤＣＡサイクルとも呼ばれる）といって、プランを練り、実行してチェックして改善していきますよね。政策もそうあってしかるべきなのに、今、それがやられていない。法律は一回通っちゃったらもうどうにもできないんじゃなくて、問題があれば変えられるんだという実績を残したい。そうして選挙で会ったような人たちが、生きやすい社会を作りたいですね。

山本太郎 YAMAMOTO TARO

1974年生まれ、兵庫県出身。90年、高校1年生のときに『天才・たけしの元気が出るテレビ!!』の「ダンス甲子園」に出場し、芸能界入り。91年、俳優デビュー。映画『バトル・ロワイアル』『GO』、テレビドラマ『新選組!』などに出演。2001年に日本映画批評家大賞助演男優賞、03年にブルーリボン賞助演男優賞受賞。11年4月から、反原発活動を開始。13年7月、参議院選挙に東京選挙区から出馬し、初当選。14年、「生活の党」に合流し、「生活の党と山本太郎となかまたち」に改称、小沢一郎氏と共同代表に(16年に自由党に改称)。19年4月、独自に「れいわ新選組」を旗揚げし、7月の参院選に比例区より出馬。同党は政党要件を満たす票を得るものの本人は落選。主な著書に『みんなが聞きたい 安倍総理への質問』(集英社インターナショナル)、『山本太郎 闘いの原点—ひとり舞台』(ちくま文庫)、『僕にもできた! 国会議員』(筑摩書房)などがある。

取材・構成
木村元彦 KIMURA YUKIHIKO

1962年生まれ、愛知県出身。中央大学文学部卒。ノンフィクション・ライター。著書に『オシムの言葉』、『蹴る群れ』、『新版　悪者見参—ユーゴスラビアサッカー戦記』、『争うは本意ならねど』(以上、集英社文庫)、『終わらぬ「民族浄化」セルビア・モンテネグロ』(集英社新書)、『爆走社長の天国と地獄 大分トリニータ v.s.溝畑宏』(小学館新書)、『無冠、されど至強 東京朝鮮高校サッカー部と金明植の時代』『13坪の本屋の奇跡』(ころから)など多数。『オシムの言葉』で2005年度ミズノ スポーツライター賞最優秀賞受賞、『徳は孤ならず』(集英社)で第7回広島本大賞受賞。

取材・構成
雨宮処凛 AMAMIYA KARIN

1975年生まれ、北海道出身。作家・活動家。フリーターなどを経て2000年、自伝的エッセイ『生き地獄天国—雨宮処凛自伝』(太田出版、ちくま文庫)にてデビュー。06年から貧困・格差の問題に取り組む。著書に『「女子」という呪い』(集英社クリエイティブ)、『非正規・単身・アラフォー女性—「失われた世代」の絶望と希望』(光文社新書)、『僕にもできた! 国会議員』(山本太郎著、取材・構成を担当／筑摩書房)など多数。『生きさせろ!—難民化する若者たち』(太田出版、ちくま文庫)でJCJ賞(日本ジャーナリスト会議賞)受賞。

#あなたを幸せにしたいんだ

山本太郎とれいわ新選組

山本太郎 YAMAMOTO TARO
木村元彦 KIMURA YUKIHIKO
雨宮処凛 AMAMIYA KARIN

2019年 12月18日　第1刷 発行

発行者　安藤拓朗
発行所　株式会社 集英社
〒101-8050　東京都千代田区一ツ橋 2-5-10
電話　編集部 03-3230-6371
販売部 03-3230-6393（書店専用）
読者係 03-3230-6080

印刷所　凸版印刷株式会社
製本　凸版印刷株式会社

写真　平野大輔　伊藤愛輔　山口勝則

装丁　中山真志

ISBN 978-4-08-780894-0 C0095